U0641242

课本里的作家

爱阅读
学生精读版
★★★★★

课本里的作家

影 子

张之路 / 著

小学语文同步阅读
三年级
彩插精读版

山东教育出版社
·济南·

图书在版编目（CIP）数据

影子 / 张之路著 . — 济南：山东教育出版社，
2023.3（2023.4 重印）
（爱阅读·课本里的作家）
ISBN 978-7-5701-2385-8

Ⅰ．①影… Ⅱ．①张… Ⅲ．①阅读课—小学—教学参
考资料 Ⅳ．①G624.233

中国国家版本馆 CIP 数据核字（2023）第 036549 号

YINGZI

影 子

张之路　著

主管单位：山东出版传媒股份有限公司
出版发行：山东教育出版社
　　　　　地址：济南市市中区二环南路 2066 号 4 区 1 号　邮编：250003
　　　　　电话：（0531）82092600　　　　网址：www.sjs.com.cn
印　　刷：天津泰宇印务有限公司
版　　次：2023 年 3 月第 1 版
印　　次：2023 年 4 月第 2 次印刷
开　　本：700 mm × 1000 mm　1/16
印　　张：12
字　　数：145 千
定　　价：35.80 元

（如印装质量有问题，请与印刷厂联系调换）
印厂电话：022-29649190

中学生智力竞赛

橡皮膏大王

全场哄地一下笑起来。

这是省电视台举办的一场智力竞赛，目的是增长知识、开阔思路。

这就是你的灵魂？刘豆豆冷笑着也走到阳光下，他愣住了，他没有影子。他惊慌失措，前后左右地寻找。

楚天然把手机交给老奶奶观看，老奶奶带上花镜仔细阅读，看完之后，着急地说："真没有想到，赶快通知大家来领猫吧！丢猫的人一定很着急！"

拐角书店

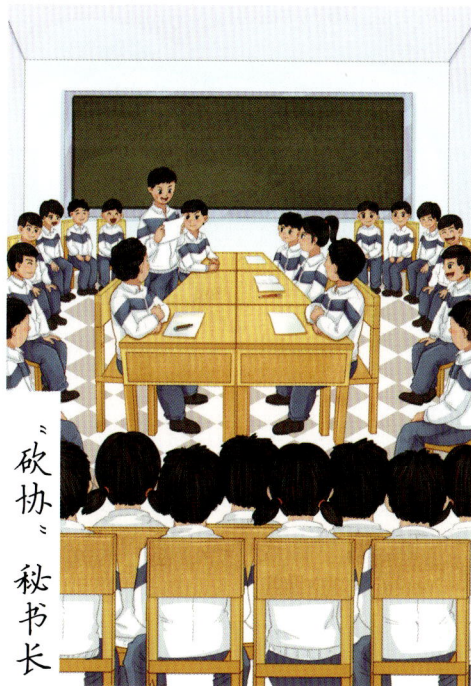

"砍协"秋书长

终于有一天，他坐在了挤满人群的教室当中，一排由课桌拼成的会议桌前"主砍"的位置上。他的右边是"老鼻子"，左边是"小哨儿"。

不料，走到布告栏前面的时候，却发现情况有点儿异常。本来正在看布告的人纷纷侧过脸来莫名其妙地看着他。有些人的脸上还隐藏着一股掩饰不住的坏笑，要命的是人群中还有几个女生……

少年刘大公的烦恼

理查三世

我的心"怦怦"乱跳。我不但是头一回当老师，更是头一回当班主任。眼前的四十二个学生就是我的"兵"。我就是他们的"司令"。

总序

北京书香文雅图书文化有限公司的李继勇先生与我联系，说他们策划了一套《爱阅读·课本里的作家》丛书，读者对象主要是中小学生，可以作为学生的课外阅读用书，希望我写篇序。作为一名语文教育工作者，在中共中央办公厅、国务院办公厅印发《关于进一步减轻义务教育阶段学生作业负担和校外培训负担的意见》（以下简称"双减"）的大背景下，为学生推荐这套优秀课外读物责无旁贷，也更有意义。

一、"双减"以后怎么办？

"双减"政策对义务教育阶段学生的作业和校外培训作出严格规定。我认为这是一件好事。曾几何时，我们的中小学生作业负担重，不少学生不是在各种各样的培训班里，就是在去培训班的路上。学生"学"无宁日，备尝艰辛；家长们焦虑不安，苦不堪言。校外培训机构为了增强吸引力，到处挖掘优秀教师资源，有些老师受利益驱使，不能安心从教。他们的行为破坏了教育生态，违背了教育规律，严重影响了我国教育改革发展。教育是什么？教育是唤醒，是点燃，是激发。而校外培训的噱头仅仅是提高考试成绩，让学生在中高考中占得先机。他们的广告词是"提高一分，干掉千人"，大肆渲染"分数为王"，在这种压力之下，学生面对的是"分萧萧兮题海寒"，不得不深陷题海，机械刷题。假如只有一部分学生上培训班，提高的可能是分数。但是，如果大多数学生或者所有学生都去上培训班，那提高的就不是分数，而只是分数线。教育的根本任务是立德树人，是培根铸魂，是启智增慧，是让学生的德智体美劳全面发展，是培养社会主义建设者和接班人，是为中华民族伟大复兴提供人才，而不是培养只会考试的"机器"，更不能被资本所"绑架"。所以中央才"出重拳""放实招"，目的就是要减轻学生过重的课业负担，减轻家长过重的经济和精神负担。

"双减"政策出台后，学生们一片欢呼，再也不用在各种培训班之间来回奔波了，但家长产生了新的焦虑：孩子学习成绩怎么办？而对学校老师来说，这是一个新挑战、新任务，当然也是新机遇。学生在校时间增加，要求老师提升教学水平，科学合理布置作业，同时开展课外延伸服务，事实上是老师陪伴学生的时间增加了。这部分在校时间怎么安排？如何让学生利用好课外时间？这一切考验着老师们的智慧。而开展各种课外活动正好可以解决这个难题。比如：热爱人文的，可以开展阅读写作、演讲辩论，学习传统文化和民风民俗等社团活动；喜爱数理的，可以组织科普科幻、实验研究、统计测量、天文观测等兴趣小组；也可以开展体育比赛、艺术体验（音乐、美术、书法、戏剧……）和劳动教育等实践活动。当然，所有的活动都应以培养学生的兴趣爱好为目的，以自愿参加为前提。学校开展课后服务，可以多方面拓展资源，比如博物馆、图书馆、科技馆、陈列馆、少年宫、青少年活动中心，甚至校外培训机构的优质服务资源，还可组织征文比赛、志愿服务、社会调查等，助力学生全面发展。

二、课外阅读新机遇

近年来，新课标、新教材、新高考成为语文教育改革的热词。我曾经看到一个视频，说语文在中高考中的地位提高了，难度也加大了。这种说法有一定道理，但并不准确。说它有一定道理，是因为语文能力主要指一个人的阅读和写作能力，而阅读和写作能力又是一个人综合素养的体现。语文能力强，有助于学习别的学科。比如数学、物理中的应用题，如果阅读能力上不去，读不懂题干，便不能准确把握解题要领，也就没法准确答题；英语中的英译汉、汉译英题更是考查学生的语言表达能力；历史题和政治题往往是给一段材料，让学生去分析、判断，得出结论，并表述自己的观点或看法。从这点来说，语文在中高考中的地位提高有一定道理。说它不准确，有两个方面的理由：一是语文学科本来就重要，不是现在才变得重要，之所以产生这种错觉，是因为在应试教育的背景下，语文的重要性被弱化了；二是语文考试的难度并没有增加，增加的只是阅读思维的宽度和广度，考查的是阅读理解、信息筛选、应用写作、语言表达、批判性思维、辩证思维等关键能力。可以说，真正的素质教育必须重视语文，因为语文是工具，是基础。不少家长和教师认为课外阅读浪费学习时间，这主要是教育观念问题。他们之所以有这种想法，无非是认为考试才是最终目的，希望孩子可以把更多时间用在刷题上。他们只看到课标和教材的变化，以为考试还是过去那一套，其实，考试评价已发生深刻变革。目前，考试评价改革与新课标、新教材改革是同向同行的，都是围绕立德树人做文章。中共中央、国务院印发的《深化新时代教育评价改革总体方案》明确指出："稳步推进中高考改革，构建引导学生德智体美劳全面发展的考试内容体系，改变相对固化的试题形式，增强试题开放性，减少死记硬背和'机械刷题'现象。"显然就是要用中高考"指挥棒"引领素质教育。新高考招生录取强调"两依据，一参考"，即以高考成绩和高中学业水平考试成绩为依据，以综合素质评价为参考。这也就是说，高考成绩不再是高校选拔新生的唯一标准，不只看谁考的分数高，而是看谁更有发展潜力、更有创造性，综合素质更高，从而实现由"招分"向"招人"的转变。而这绝不是仅凭一张高考试卷能够区分出来的，"机械刷题"无助于全面发展，必须在课内学习的基础上，辅之以内容广泛的课外阅读，才能全面提高综合素养。

三、"爱阅读"助力成长

这套《爱阅读·课本里的作家》丛书是为中小学生读者量身打造的，符合《义务教育语文课程标准》倡导的"好读书、读好书、读整本的书"的课改理念，可以作为学生课内学习的有益补充。我一向认为，要学好语文，一要读好三本书，二要写好两篇文，三要养成四个好习惯。三本书指"有字之书""无字之书""心灵之书"，两篇文指"规矩文"和"放胆文"，四个好习惯指享受阅读的习惯、善于思考的习惯、乐于表达的习惯和自主学习的习惯。古人说"读万卷书，行万里路"，实际上就是要处理好读书与实践的关系。对于中小学生来说，读书首先是读好"有字之书"。"有字之书"，有课本，有课外自读课本，还有"爱阅读"这样的课外读物。读书时我们不能眉毛胡子一把抓，要区分不同的书，采取不同的读法。一般说来，读法有精读，有略读。精读需要字斟句酌，需要咬文嚼字，但费时费力。当然也不是所有的书都需要精读，可以根据自己的需要决定精读还是略读。新课标提倡中小学生进行整本书阅读，但是学生往往不能耐着性子读完一整本书。新课标提倡的整本书阅读，主要是针对过去的单篇教学来说的，并不是说每本书都要从头读到尾。教材设计的练习项目也是有弹性的、可选择的，不可能有统一的"阅读计划"。我的建议是，整本书阅读应把精读、略读与浏览结合起来，精读重在示范，略读重在博览，浏览略观大意即可，三者相辅相成，不宜偏于一隅。不仅如此，学生还可以把阅读与写作、读书与实践、课内与课外结合起来。整本书阅读重在掌握阅读方法，拓展阅读视野，培养读书兴趣，养成阅读习惯。

再说写好两篇文。学生读得多了，素养提高了，自然有话想说，有自己的观点和看法要发表。发表的形式可以是口头的，也可以是书面的，书面表达就是写作。写好两篇文，一篇规矩文，一篇放胆文。规矩文重打基础，放胆文更见才气。规矩文要求练好写作基本功，包括审题、立意、选材、构思等，同时还要掌握记叙文、议论文、说明文、应用文的基本要领和写作规范。规矩文的写作要在教师的指导下进行。放胆文则鼓励学生放飞自我、大胆想象，各呈创意、各展所长，尤其是展现自己的写作能力、语言表达能力、批判性思维能力和辩证思维能力。放胆文的写作可以多种多样，除了大作文，也可以写小作文。有兴趣的学生还可以进行文学创作，写诗歌、小说、散文、剧本等。

学习语文还要养成四个好习惯。第一，享受阅读的习惯。爱阅读非常重要，每个同学都应该有自己的个性化书单。有的同学喜欢网络小说也没有关系，但需要防止沉迷其中，钻进"死胡同"。这套《爱阅读·课本里的作家》丛书，给中小学生课外阅读提供了大量古今中外的名家名作。第二，善于思考的习惯。在这个大众创业、万众创新的时代，创新人才的标准，已不再是把已有的知识烂熟于心，而是能够独立思考，敢于质疑，能够自己去发现问题、提出问题和解决问题，需要具有探究质疑能力、独立思考能力、批判性思维和辩证思维能力。第三，乐于表达的习惯。表达的乐趣在于说或写的过程，这个过程比说得好、写得完美更重要。写作形式可以不拘一格，比如作文、日记、笔记、随笔、漫画等。第四，自主学习的习惯。我的地盘我做主，我的语文我做主。不是为老师学，也不是为父母长辈学，而是为自己的精神成长学，为自己的未来学。

愿广大中小学生能借助这套《爱阅读·课本里的作家》丛书，真正爱上阅读，插上想象的翅膀，飞向未来的广阔天地！

顾之川

目录

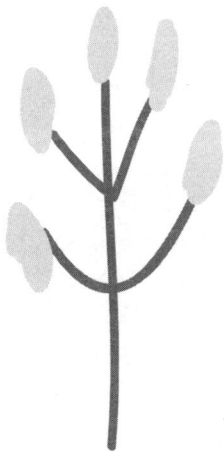

我爱读课文

原文赏读

在牛肚子里旅行

体　　裁：童话

作　　者：张之路

创作时间：当代

作品出处：部编版语文三年级（上册）

内容简介：蟋蟀红头被牛吃进了肚子里，它的朋友青头鼓励它抓住机会，在牛反刍的时候逃出来。红头在青头的鼓励下坚持不放弃，终于想办法在牛打喷嚏的时候逃了出来，经历了一场惊险的"旅行"。

////////////////////// 读前导航 //////////////////////

阅读准备

　　张之路作为一名优秀的儿童文学作家，其作品在青少年中影响广泛并享有很高的声誉。由于他的叙述方式和人物心理描写都贴合孩子的视角和情感，所以孩子们更愿意读下去。他的作品内容朴实简单，但情节扣人心弦，角色生动独立，故事完整，细节真实自然，最难得的是，它们能够引发读者的情感共鸣。

目标我知道

学习目标	会写"旅、咱、怜、救、命、拼、扫、胃、管、刚、流、泪、咬"等生字 会认"偷、齿、嚼、吞、悲、眯"等生字 读准多音字"答、应"
学习重点	通过重点词句，体会红头和青头说话的语气
学习难点	感悟故事蕴含的道理

////////////// 精彩赏读 //////////////

课本原文

在牛肚子里旅行

① 有两只小蟋蟀，一只叫青头，另一只叫红头。它们是一对非常要好的朋友。有一天，吃过早饭，青头对红头说："咱们玩捉迷藏吧！"[1]

② "那让我先藏，你来找。"红头说。

③ "好吧！"青头说完，转过身子闭上了眼睛。

④ 红头向周围看了看，悄悄地躲在一个草堆里不作声了。

[1] 交代了故事的起因。

⑤ "藏好了吗？"青头大声问。

⑥ 红头不说话，只露两只眼睛偷偷地看。它心想：我要是一答应，就会被青头发现。[1]

⑦ 正在这时，一只大黄牛从红头后面慢慢走过来。红头做梦也没有想到，[2]大黄牛突然低下头来吃草。可怜的红头还没有来得及跳开，就和草一起被大黄牛卷到嘴里了。

【第一部分（①—⑦段）：红头与青头玩捉迷藏游戏，红头悄悄地躲进草堆里，却被一头大黄牛吃草时卷进了嘴里。】

⑧ "救命啊！救命啊！"红头拼命地叫起来。[3]

⑨ "你在哪儿？"青头急忙问。[4]

⑩ "我被牛吃了……正在它的嘴里……救命啊！救命啊！"

⑪ 青头大吃一惊，它一下子蹦到牛身上，可是那头牛用尾巴轻轻一扫，青头就给摔在地上了。青头不顾身上的疼痛，一骨碌爬起来大声喊："躲过它的牙齿，牛在这时候不会仔细嚼的，它会把你和草一起吞到肚子里去……"

⑫ "那我马上就会死掉。"红头哭起来，

[1] 通过动作和心理描写，突出红头的稚气。

[2] 这说明事情来得太突然。

[3] 说明红头非常着急。

[4] 青头听到求救声，很着急。

【大吃一惊】形容对发生的意外事情非常吃惊。

它和草已经一起进了牛的肚子。[1]

⑬青头又跳到牛身上，隔着肚皮和红头说话："红头！不要怕，你会出来的。我听说牛肚子里一共有四个胃，前三个胃是贮藏食物的，只有第四个胃才是管消化的！"

⑭"可是，你说这些对我有什么用呢？"红头悲哀地说。

⑮"当然有用，等一会儿牛休息的时候，它要把刚才吞进去的草重新送回嘴里，然后细嚼慢咽……你是勇敢的蟋蟀，你一定能出来的。"[2]"谢谢你！"红头的声音小得几乎听不见了。它咬着牙不让自己失去知觉。

⑯红头在牛肚子里随着草一起移动，从第一个胃到了第二个胃，又从第二个胃回到了牛嘴里。这一下，红头又看见了光亮。可是，它已经一动也不能动了。

⑰这时，青头爬到了牛鼻子上，用它的身体在牛鼻孔里蹭来蹭去。

⑱"阿嚏！"牛打了一个喷嚏。红头随着一团草一下子给喷了出来。

【第二部分（⑧—⑱段）：写红头在青头的鼓励和帮助下，经过艰难过程，终于从牛肚子里逃了出来。】

[1] 说明红头害怕得要失去信心了。

【悲哀】伤心。

[2] 青头想尽办法鼓励、安慰红头。

⑲红头看见自己的朋友，高兴得流下了眼泪："谢谢你。"

⑳青头笑眯眯地说："不要哭，就算你在牛肚子里作了一次旅行吧！"[1]

[1] 突出青头的幽默，也点明了主题。

【第三部分（⑲—⑳段）：写红头感激青头，青头笑着安慰红头。】

作品赏析

《在牛肚子里旅行》是一篇有趣的科学童话，科学知识与童话完美结合，讲述了两只蟋蟀红头和青头捉迷藏，红头不小心被牛吞进了肚子里，在牛肚子里"旅行"了一次，危急关头，蟋蟀青头沉着地安慰它，给它出主意，帮助它从牛肚子里逃脱出来。

///////////////////积累与表达///////////////////

字词我来记

会写的字

旅	部首	笔画	结构	造字	组词
	方	10	左右	会意	旅行　旅游
	辨字	派（派别　帮派）　旋（回旋　旋转）			
字义	1.出行，在外地做客。2.军队的编制单位，通常隶属于师或集团军。				
造句	暑假我们全家要去香港旅行。				

zán 咱	部首	笔画	结构	造字	组词
	口	9	左右	会意	咱们　咱俩
	辨字	泪（泪水　流泪）　自（自己　自我）			
字义	1.我。2.总称己方（我或我们）和对方（你或你们）。				
造句	这次长跑比赛，咱俩拥有绝对优势。				

lián 怜	部首	笔画	结构	造字	组词
	忄	8	左右	形声	可怜　怜惜
	辨字	冷（寒冷　冷水）　令（时令　命令）			
字义	1.怜悯。2.爱。				
造句	灾区的小朋友真可怜。				

jiù 救	部首	笔画	结构	造字	组词
	攵	11	左右	形声	救命　救人
	辨字	求（求情　求救）　数（数学　数字）			
字义	1.援助使脱离灾难或危险。2.援助人、物使避免于（灾难、危险）。				
造句	消防员叔叔不顾自己的安危冲进去救人。				

mìng 命	部首	笔画	结构	造字	组词
	人	8	上下	形声	命运　救命
	辨字	合（合作　合租）　叩（叩门　叩拜）			
字义	1.生命，性命。2.指派。				
造句	命运是如此捉弄人。				

pīn 拼	部首	笔画	结构	造字	组词
	扌	9	左右	形声	拼命　拼搏
	辨字	迸（迸发　迸开）　饼（大饼　油饼）			
字义	1.连合，连接。2.不顾一切地奋斗，豁出去。				
造句	为了取得胜利，他在赛场上拼尽了全力。				

sǎo	部首	笔画	结构	造字	组词
扫	扌	6	左右	形声	扫地 打扫
	辨字	归（归来 回归） 妇（妇人 妇女）			
字义	1.很快地左右移动。2.用笤帚、扫帚除去尘土、垃圾等。				
造句	我把自己的房间打扫干净了。				

wèi	部首	笔画	结构	造字	组词
胃	月	9	上下	象形	胃管 胃口
	辨字	冒（冒犯 感冒） 界（地界 界碑）			
字义	消化器官的一部分，形状像口袋，上端跟食管相连，下端跟十二指肠相连。能分泌胃液，消化食物。				
造句	小刚是个大胃王，一顿能吃五碗米饭。				

guǎn	部首	笔画	结构	造字	组词
管	竹	14	上下	形声	管道 水管
	辨字	官（官员 官邸） 菅（草菅人命）			
字义	1.管理；看管；照管。2.圆而细长中空的东西。				
造句	家里的水管裂了，水流了一地。				

gāng	部首	笔画	结构	造字	组词
刚	刂	6	左右	形声	刚才 刚好
	辨字	岗（山岗 岗位） 钢（钢铁 钢材）			
字义	1.表示行动或情况发生在不久之前。2.硬，坚强（跟"柔"相对）。				
造句	爸爸刚回家又返回了医院。				

liú	部首	笔画	结构	造字	组词
流	氵	10	左右	会意	流泪 流汗
	辨字	硫（硫黄 硫酸） 梳（梳子 梳头）			
字义	1.液体移动。2.传播。				
造句	哥哥考上心仪的大学，高兴地流下眼泪。				

lèi	部首	笔画	结构	造字	组词	
泪	氵	8	左右	会意	泪水　眼泪	
	辨字	目（目前　目镜）　泪（泪泪）				
字义	眼里流出的水。					
造句	常言道："男儿有泪不轻弹。"					

yǎo	部首	笔画	结构	造字	组词	
咬	口	9	左右	形声	撕咬　咬合	
	辨字	交（交往　交通）　饺（水饺　蒸饺）				
字义	1.上下牙齿用力对着（大多为了夹物体或使物体的一部分从整体分离）。2.吐字发音。					
造句	他被狗咬了一口。					

会认的字

tōu	组词
偷	小偷 偷东西

chǐ	组词
齿	牙齿 智齿

jiáo	组词
嚼	细嚼慢咽

tūn	组词
吞	吞吐 吞下

bēi	组词
悲	悲伤 悲哀

mī	组词
眯	眯缝 笑眯眯

多音字

答 ├ dā（答应）（答允）
　 └ dá（回答）（答谢）

辨析：义同"答（dá）"，用于口语"答应、答理"

等词时，读 dā；表示"回答，回复"时，读 dá。

应 ⎡ yìng（答应）（回应）
　　⎣ yīng（应当）（应声）

辨析：表示"接受，答应""适合，配合"时，读 yìng；表示"该、当""答应，应承"时，读 yīng。

近义词

周围—四周　　　作声—出声　　　大声—高声
突然—忽然　　　疼痛—痛苦　　　几乎—险些

反义词

闭上—睁开　　　可怜—幸运　　　拼命—惜命
急忙—从容　　　大吃一惊—心平气和

日积月累

"救命啊！救命啊！"红头拼命地叫起来。

青头大吃一惊，它一下子蹦到牛身上。

红头哭起来。

红头悲哀地说。

红头看见自己的朋友，高兴地流下了眼泪。

青头笑眯眯地说："不要哭，就算你在牛肚子里作了一次旅行吧！"

读后感想

读《在牛肚子里旅行》感悟

听到"在牛肚子里旅行"这个题目你会不会觉得很新奇？会不会觉得既惊险，又刺激？这是部编版语文三年级上册的一篇课文。

课文中讲的是：有两只小蟋蟀，一只叫青头，一只叫红头。他们是一对非常要好的朋友。他们经常在一起玩游戏。

有一天，青头和红头玩捉迷藏的游戏，红头悄悄地躲在一个草堆里。正在这时，一头大黄牛从红头后面慢慢地走过来低下头吃草，可怜的红头还没来得及跳开就和草一起被大黄牛吃到嘴里去了，被吞进牛嘴里的红头吓得连喊救命。

好可怕呀！红头真可怜！读到这里我在心里暗暗地为红头着急。

红头的求救声把青头吓了一跳，他不顾自己的安危，连忙跳到牛身上，隔着牛肚皮安慰红头说："不要怕！等牛反刍的时候你会出来的！"红头听了青头的话咬着牙慢慢地又回到牛的嘴边，但此时红头已经筋疲力尽，没有办法爬出牛嘴。机智的青头赶忙爬到牛的鼻孔里，随着一声"阿嚏"红头获救了。

红头和青头的故事告诉我们：在遇到事情的时候不要

慌张，要向青头学习，沉着冷静，会想办法，也要学习红头坚强的毅力。假如我的好朋友遇到危险我想我也会努力帮助他的。

同学们，是友谊让这次"旅行"有惊无险。所以我们要爱惜友谊、珍惜友谊！

精彩语句

听到"在牛肚子里旅行"这个题目你会不会觉得很新奇？会不会觉得既惊险，又刺激？

文章运用了开门见山式开头，简洁明了地直接进入主题，直截了当地交待出文章要围绕"在牛肚子里旅行"这个题目进行叙述。

妙笔生花

读了《在牛肚子里旅行》这篇课文，你被红头和青头的友谊感动了吗？拿起手中的笔，写一下你和好朋友的故事吧！

_____

_____

_____

_____

_____

_____

_____

知识乐园

一、看拼音，写词语。

lǚ xíng　　　　jì suàn　　　　sǎo dì

（　　　　）　　（　　　　）　　（　　　　）

jiù mìng　　　　liú lèi　　　　wèi kǒu

（　　　　）　　（　　　　）　　（　　　　）

二、根据课文内容选择填空（写序号）。

红头的旅行路线：嘴→（　　　）→（　　　）→（　　　）→被喷出

A.第一个胃

B.嘴

C.第二个胃

三、照样子，在括号里写出人物说话时的心情。

1．"你在哪儿？"（着急）

2．"我被牛吃了……，正在它的嘴里……救命啊！"

（　　　　）

3．"躲过它的牙齿，牛在这时候不会仔细嚼的。"

（　　　　）

4．"那我马上就会死掉。"　　　　（　　　　）

四、课内阅读。

青头大吃一惊，它一下子（　　　　）到牛身上，可是那头牛用尾巴轻轻一扫，青头就给（　　　　）到地上了。青头不顾身上的疼痛，一骨碌（　　　　）起来大声（　　　　）："躲过它的牙齿，牛在这时候从来不会仔细嚼的，它会把你和草一起吞到肚子里去……"

1.把动词填到合适的括号中。

摔　　蹦　　喊　　爬

2.根据句子意思写出相应的词语。

形容对发生的事感到十分意外。（　　　　　　）

3.从青头行动和语言的句子，感受青头（　　　　）的品质。

A.只为个人安危着想

B.为了朋友不顾个人安危

作家经典作品

自主阅读

橡皮膏大王

一

提问："橡皮膏有什么用途？"

回答："把纱布固定在皮肤上不掉下来，还有……想不出来了。"

坐在观众席上的项宁宁跳起来。他举手说："橡皮膏还可以补衣服、补鞋、贴铅笔盒、粘玻璃缝，把名字写在橡皮膏上然后贴在箱子上，就不和别人的混淆，还可以治风湿和跌打损伤，活血化瘀血镇痛消肿，治皮炎……"

全场哄地一下笑起来。

这是省电视台举办的一场智力竞赛，目的是增长知识、开阔思路。

因为项宁宁的学习成绩是班上倒数第一，所以只好坐在观众席上。这个关于橡皮膏的问题使他大出风头。

项宁宁还要接着说。节目主持人举起一只手："好啦！好啦！你先坐下！"

项宁宁不情愿地坐在位上。

"给他们学校加十分！"主持人说。

大家不笑了，所有人的目光一齐朝项宁宁射去。项宁宁好不得意。

提问："橡皮膏是什么颜色的？"

回答："白色的……"

项宁宁再次举手："医用橡皮膏一般是白色的，可是电工用的橡皮膏是黑色的，包装和密封用的橡皮膏是咖啡色的，还有一种透明橡皮膏。"

"再加十分！"

全场掌声雷动。电视摄像机在项宁宁身上停了半分钟。项宁宁的大耳朵在水银灯下都变透明了。

提问："橡皮膏和橡皮有什么关系？"

回答："……"

大家的目光又一次转向项宁宁。不用他举手，主持人主动发问："这位同学再说说！"

项宁宁从来没有像今天这样思路敏捷、心情舒畅。他从座位上慢慢地站起来，朝大家笑笑："就像我们用的橡皮和动物园的大象没有关系一样，橡皮膏和橡皮也没有任何关系。它的主要成分是布和氧化锌……"

全场人都惊呆了。主持人把老花镜摘下来，又换上另一副眼镜，仔细地打量着项宁宁，好半天才说："这位同学怎么没有参加正式比赛？"

全场人的目光又像探照灯一样，唰地一下射到项宁宁的老师身上。这位老师好糊涂呀！怎么埋没了这样一个天才！

老师不住地点头，脸涨得通红，汗都快流下来了。他也十分奇怪，项宁宁今天怎么会这样英勇，这样出众，居然为学校夺得三十分？

其实这没有什么奇怪的。每个人都有他十分熟悉的东西和事情。项宁宁从小几乎天天要和橡皮膏打交道。不过老师没有注意到罢了。

项宁宁生下来就有一副扇风耳。奶奶说："哟！耳朵扇风，卖地的祖宗！"意思是说这样的耳朵是要败家的。

妈妈也不高兴，好端端的一个男孩子长了这样的耳朵，多影响美观呀！

后来不知是谁出了主意，用橡皮膏将项宁宁的耳朵贴在脑壳上，说这样长着长着就好啦，耳朵就不扇风啦……所以，项宁宁从小就和橡皮膏打交道——撕耳朵上那不舒服的橡皮膏，玩橡皮膏的小纸盒。那盒子上写着的"氧化锌橡皮膏"大概是他接触的最早文字。

当然，耳朵长的角度和大小主要与遗传基因有关系。项宁宁的扇风耳仍然照着自己的意愿和方向长下去。

长大了，项宁宁又和橡皮膏结下了不解之缘。鞋的前面有了洞，他在洞里洞外各贴一块橡皮膏，居然还能穿一阵子。蓝布裤子划破了口子也贴上橡皮膏，用蓝墨水涂一涂……时间久了，不论发生什么事，他首先就会想起橡皮膏。

二

世界上往往有这样的事：一个人有了好名声之后，他的优点就会被放大，他的缺点就会被缩小，甚至被人当成优点来讲。

项宁宁在竞赛上出奇制胜之后，老师和全班同学都对他刮目相看，佩服而又神秘地叫他"橡皮膏大王"。

如果学习成绩不好，大家会说，项宁宁聪明过人，是他不愿意考好，如果愿意，准是一百分！

项宁宁趾高气扬，甚至欺侮别人。大家会说："人没有自信心还行吗？这就是男子汉的性格……"

好啦！没出两个月，项宁宁整个儿变了一个人。迟到、旷课、学习越来越差，喜欢欺侮人，嘲弄人，自以为是个天才。

他的口头语是："嗨！我不干就是了，要干比谁都强。"这话他自己信，别人也信。原来同学们常常笑话他的大耳朵，而现在，大耳朵却为他平添了几分神气。

又过了两个月，老师觉得不对头了，天才也要培养嘛，再好的树苗也要施肥、浇水和剪枝。

"项宁宁，学习可要努力呀！"

"讨厌！"

"项宁宁，你不要总欺侮人呀！"

"讨厌！"

"项宁宁……"别人还没有开口。

"讨厌！"

大家不愿意再和他玩了。老师也不再表扬他了。项宁宁表现出极大的气愤。

他每天橡皮膏的消耗量越来越大。裤子破了，不补，用橡皮膏贴；鞋子破了，不换，用橡皮膏贴；甚至成绩册上的差成绩也用橡皮膏贴起来，这样才显得有气派，是天才，蛮潇洒的，橡皮膏大王嘛！

三

有一天，项宁宁旷课去买橡皮膏，他最不爱上数学课。

售货员是个他从没见过的胖胖的小老头，秃顶，有一张讨人喜欢的圆脸。

"哟！这位不是橡皮膏大王吗？"小老头眼里闪着狡猾的目光，脸上却带着微笑。

"对！"项宁宁心里像大热天吃了冰激凌一样舒服，"你也认识我？"

"当然！难得的天才，什么都能干，只是不愿意干罢了，对不对？"老头儿一面说一面问周围的售货员。大家向项宁宁报以微笑。

胖老头从柜台里拿出一盒橡皮膏，"最新产品——神仙牌橡皮膏，透明的，什么都能粘。"

"真的？"项宁宁十分兴奋。

"裤子破了，贴上它完好如新！"

"玻璃破了，贴了它，连缝也看不见！"

突然，老头压低了声音说："谁要是说你讨厌的话，贴上他的嘴巴，马上见效……"

"可是，我怎么敢往别人嘴上贴橡皮膏呢？"

"不用担心，这是神仙牌橡皮膏。只要把橡皮膏放在手心里，让别人闻一下就行啦！"

项宁宁高高兴兴地回到学校，刚一进校门，迎面碰上老师。项宁宁刚想低头溜过去，老师叫住了他。

项宁宁偷偷抬起头，看见老师满脸的怒气，不由得打了个哆嗦。

"你不要以为光知道什么橡皮膏就可以不学习了！"老师怒不可遏地说。

项宁宁生气了，他拿出橡皮膏，撕下一张，放在手心里："老师，你先嗅嗅。"

老师莫名其妙地俯下身子，将鼻子凑到项宁宁手前。

啪的一声，橡皮膏飞到了老师嘴上。

项宁宁吓了一跳。他知道，老师一定会气得跳起来。等他抬头一看，老师的嘴上却不见什么橡皮膏。奇怪，项宁宁手里的橡皮膏也没有了。

正当项宁宁又惊又怕的时候，只见老师笑眯眯地对他说："哟！你干吗还来上学呢？其实这么容易的数学你根本不用学。快回家休息吧！"接着，老师又笑着抚摸着他的头说："真是个聪明有出息的孩子啊！"

项宁宁开心地笑起来，那橡皮膏太神了，心想：这样的老师多和气，多可爱。

没过几天，项宁宁又给他的爸爸、妈妈还有那些经常批评他的老师和同学贴上了透明橡皮膏。一切全都变了。项宁宁被评为优秀学生，得到老师和家长的热烈祝贺。

就在项宁宁十分得意的时候，却发生了一件令他万万没想到的事情。

有一天，老师带着全班同学到河边去玩。河里有许多人在游泳。

项宁宁根本不会游泳。可他是橡皮膏大王，他吹牛："我要是下去，准比那些草包游得快，像百米赛跑一样的速度，比鱼游得还快！"

老师说："同学们，项宁宁游泳游得可好啦！我们大家欢迎他为我们表演一下怎么样？"

"好哇！"同学们热烈地鼓掌欢迎。

项宁宁知道自己不会游，可是又不愿承认。

一个同学说："他游得可快啦！我们都见过的。本来国家队请他去，可他不愿意……"

一瞬间，项宁宁仿佛记得自己是会游泳的，而且游得棒极了。于是，他扑通一下跳下水。

到了水里，情况可就不一样了。他喝了两口水之后，身子一个劲儿地往下沉。项宁宁举手乱抓。

老师却说："瞧，项宁宁装得多像，他在和我们开玩笑！"

情况十分危急。项宁宁想说他不会游泳，可是已经说不出话了。

幸亏这时候，在河中游泳的几个小伙子合力把他拖到岸边。他们一面把他放在地上，让他把水吐出来，一面埋怨他的老师。

老师的眼睛里已经急出了眼泪，嘴里却说："他是装着玩的，他游得棒极了！"

看见了老师的眼泪和那奇怪的神情，项宁宁突然想起了那块橡皮膏，太危险了。他的脸色变得苍白……

身体稍稍恢复以后，项宁宁一口气跑到药店："你这个骗子，告诉我，怎么才能把老师嘴上的橡皮膏撕下来？"

胖老头微笑着，举着手凑到他跟前小声说："橡皮膏大王，不要急，你先嗅嗅！"

项宁宁将鼻子几乎贴在了胖老头的手上。只听见啪的一声，一块透明橡皮膏贴在了他的嘴上。他急忙用手去撕——什么也没有。

等项宁宁愤怒地张嘴时，他却发出这样的声音："这家药店的橡皮膏特别好，誉满全球……"

他的心几乎都要碎了……

影 子

一

刘豆豆是育民中学高一年级的学生。论年龄，他还属于小青年或者叫半大小子的那拨儿。

这个年龄段的学生，身体正在发育，丰满矫健的体型还没有长成。他们常常围在双杠旁边，杞人忧天地为自己搓板一样的胸脯着急，为自己绿豆芽一样的身躯发愁。他们常捋起衣袖，绷紧胳膊，检查自己的"小耗子"又长大多少，为那刚刚隆起的一点点可怜的肱二头肌而表现出狂热的喜悦。

在成年人眼里，他们想入非非，似懂非懂，神吹胡侃，逞强好胜，不得要领。他们无异于那种整天东奔西窜，还没有长出冠子却伸长脖子，到处招惹是非的小公鸡……

刘豆豆却不然。

他虽然只有十七岁，却长得潇洒挺拔。童年的稚气已不复存在，棱角分明的脸瘦削而严峻，身上的肌肉丰满有力。平时不显，每当他脱下那身褪了色的蓝涤卡裤褂，穿着背心和短裤奔驰在球场上的时候，人们对他那健美的体型都赞赏不已。然而，刘豆豆却有着与他年龄不相称的痛苦，在他的心灵深处有着一个不为人们所知的隐秘世界。

他的家里没有钱，或者不如说缺钱，缺得别人不敢相信。每当早晨上课前同学们在神吹胡侃的时候，刘豆豆的这种痛苦就油然而生。

大家侃的内容的主要来源是前一天晚上的电视节目，而刘豆豆却一无所知，只能呆坐在那里。不用说彩色电视机了，就连家中仅有的一台黑白的，也在爸爸病重的时候给卖掉了。

刘豆豆是在爸爸的呻吟和妈妈的忧虑中长大的。他懂得吃苦，他能吃苦，他比其他同年龄的孩子更知道钱对一个家庭的意义。

他经常在家门口的一些小摊前转悠。亲眼看见小贩怎么把三斤橘子当五斤卖给别人，他算是开了窍。他一方面想冲着那些黑心家伙的腿肚子猛踢一脚，另一方面又为自己父母的"窝囊"而感到悲哀。

学习好有什么用？爸爸妈妈不也是大学毕业生吗？刘豆豆学习也挺好，但他不相信"知识就是力量"。他相信印着大团结图案的人民币的力量。

二

那是一个星期天的早晨。春雪初霁，阳光普照。几棵树影歪歪斜斜地落在晶莹耀眼的雪地上。

刘豆豆在家里复习功课，明天考历史。

"鸦片战争，一八四〇年……"

"有旧瓶子的我买……"楼下传来小贩的吆喝声。声音高亢而嘹亮，带着旋律，一个字连着一个字飞上十层楼，穿过玻璃在屋里回荡。

"真可惜了你那副嗓子！怎么不上音乐学院学唱歌呢！"刘豆豆暗暗说道。墙角倒是堆着几个旧瓶子，只卖一分钱一个，还不如砸了听响儿呢！刘豆豆换了个坐的姿势，向窗外探了一下头，看见一片雪从树枝上徐徐落下，被风吹成细粉。

"鸦片战争，一八四〇年……"

"有旧书旧报纸的我买……"换节目了，是个男低音。刘豆豆赶紧捂上耳朵。

"收购旧钢笔……"广东人来了，"两块钱一支……"

刘豆豆心中一动，站起身，从床下掏出个旧笔筒，将里面的东西全部倒在地上。一共有三支钢笔，还都是半新的呢。

钢笔收购商面无表情，没话，只是两侧颧骨在黝黑的瘦脸上微微向上滑动了一下，然后飞快地旋下笔帽，眼睛在离钢笔一尺远的地方瞄着笔头。

"不要！"收购商很干脆地还给刘豆豆，又接过另一支。

"不要！"他又很干脆地还给刘豆豆，拿起最后一支。

"不要！"钢笔收购商效率极高，不耽误一秒钟，没等"要"字落地又喊了起来，"收购旧钢笔……两块钱一支……"

刘豆豆愤怒起来："嘿！你到底要什么样的？"

那人转过脸，脸上的肌肉虽然不动，声音却十分诚恳："我们要钢笔上的'舌头'，要电木的才好用——电木可以做录音机上的磁头，你的是塑料的。对不起啦——"

刘豆豆不禁有些惶惑。录音机的磁头要用旧钢笔的舌头做，他真是闻所未闻。难道什么"三洋""东芝"都要派人到全世界去收购旧钢笔吗？

见那人不再说话，刘豆豆只好上楼。

"小伙子，卖名字吗？"幽幽地飘来一个声音。

刘豆豆转身一看，两副微笑在两个人脸上同时荡漾。西服、领带、皮鞋、大皮包。

"你说什么？"

"把你的名字卖给我们，预付二十元！"

如果说刚才买卖不成是出于无奈，那么现在简直就是公开的嘲弄。以为我是财迷吗？什么猫呀，狗呀，都来笑话我？

刘豆豆冷笑一声，刚才卖不了钢笔的怒气收敛在一起，化成了缕缕尖刻的声音："卖名字！你们知道我叫什么？"

"不知道！一视同仁！一般的名字都值二十块钱。知名度大的，还可以商量。将来赚了钱，还可以提成！"

刘豆豆伸出右手，用像化学课上嗅化学药品一样的姿势，将那个人脸前的空气朝自己这边扇了扇——没有酒味！八成是从精神病医院跑出来的。

"真的！"两个人对刘豆豆的动作不但全不在意，而且愈加诚恳起来。

"名字卖给你，我用什么？"刘豆豆突然觉得这交谈十分有趣，混乱和荒唐的思维也有它自身的逻辑。

"照用不误！"

"好！拿钱来！"刘豆豆的手几乎碰到了那个人的鼻子尖。

"对不起，让我们看一下能证明你名字的证件，马上付钱！"

刘豆豆随手从上衣口袋里掏出学生证，对方接过去很仔细地看那张卷了边的小白卡片，然后从皮包里取出一个大白本。上写着：名字收购登记册。

刘豆豆不由得一愣。

"请签名！"大白本和一支细长的笔递过来。

刘豆豆又是一愣，怒气消失了，开始片刻的思考。是签名收藏家？如今收集什么的都有，除了邮票、商标、香烟盒子这老一套之外，还有人收集酒瓶子、狗牌子、帽子，甚至各种各样的马桶……也有收集名人签名的，可刘豆豆算什么名人呢？

"你们不是开玩笑吧？"刘豆豆的愤怒已被惊奇所取代。他再一次用审视的目光紧紧盯着对方的眼睛。

两张十元的票子塞到他的手里，发出好听的"窸窸窣窣"的声音。

刘豆豆迟疑地签上自己的名字，抬起头，直到这最后一刻，他还准备好等那两个人突然狂笑起来说，你小子真财迷，世界上哪有这么便宜的事……

但那两个人没说一句话，收起本子，转身走了。

一瞬间，一种莫名的恍惚袭上刘豆豆的心头。他知道，这是心理作用。

一阵冷风吹过，将团团积雪从树枝上抖落下来，纷纷扬扬的。

三

第二天上学时，刘豆豆拐进一家小吃店。什么奶油炸糕、艾窝窝、小豆粥，他美美地吃了个够。名字能当饭吃，妙极了！卖名字时那种怅然若失的情绪已荡然无存。

走出店门，刘豆豆大吃一惊——几乎所有百货商店的门口都贴着醒目的广告：

刘豆豆向全国三亿小朋友致敬！

刘豆豆视信誉为自己的第一生命！

刘豆豆最喜爱豆豆牌牙膏！

看见自己的名字突然被这样醒目地四处张扬，他不免有些心慌意乱，似乎所有的人都在观察他、指点他。他不胜羞愧，于是低着头向学校跑去。

坐在考场里，刘豆豆发现自己成了比试卷更重要的东西。同学们的目光从四面八方集中到他的身上。他就像太阳底下用放大镜聚光燃烧的小纸片——身上滚烫，似乎马上就要冒出烟来。班主任老师也好像第一次见到他，目光从眼镜片上方绕出来，久久地打量着他，为那高温的焦点又增添了一分热度。

刘豆豆听见自己的心在怦怦猛跳，但他不动声色。

"影星和球星不也做广告吗？"想着，想着，刘豆豆渐渐平静下来，甚至有些不平，真是少见多怪！老师居然也这样瞧着我！

傍晚时分，刘豆豆正在吃饭，有人送来一个牛皮纸信封，上面写着：今日名字酬金。刘豆豆一愣，急忙躲进厕所，打开纸包，不由得大吃一惊，那是一叠崭新的票子。数了数，居然是五百元整。刘豆豆的双手不禁发起抖来。一个名字上了广告居然值这么多钱！

刘豆豆突然想起了可怜的爸爸，不是爸爸起的名字好，怎么会有今天？应该给爸爸还有吃苦受累的妈妈买一件既珍贵而又让他们不易觉察的礼物。

当刘豆豆再一次走在上学的路上时，他觉得自己高大了许多，充实了许多。他再不怕听同学们神吹胡侃了，他突然发现那些同学倒有些浅薄可笑了……

不知是谁家的收音机响了。预告节目之后，传来了一个男广播员愤怒的声音：

"全体市民强烈谴责豆豆牌牙膏骗人的卑鄙行径！"

刘豆豆一哆嗦，竖起耳朵捕捉着空气中飘荡的每一个声音。

"豆豆牌牙膏又酸又苦，根据化学分析，原来是由变了质的豆腐制成……"

刘豆豆觉得有些头晕，他万万没想到那两个人居然是黑了心的骗子！

商店前顿时挤满了愤怒的人群。玻璃碎了，怒不可遏的人们将豆豆牌牙膏扔得遍地都是。地上流淌着像酸奶和豆腐脑一样的东西。

刘豆豆心中暗暗叫苦。他后悔，他内疚，他气愤。他悄悄从愤怒的人群背后溜过。想找到那两个骗子，赎回自己的名字。

学校大门口横七竖八地放着许多自行车。操场上挤满了里三层外三层的人群。

刘豆豆好奇地挤了进去。

突然有人叫道："他就是刘豆豆！"

人们的目光像无数盏探照灯，齐刷刷向刘豆豆射来。他被围在了中间，只觉得脑袋轰地一下，顿时明白了眼前发生的事情。

刘豆豆的班主任老师从人群中拼命挤过来，眼镜落在地上也毫无察觉。他伸开双臂将刘豆豆挡在身后，声嘶力竭地高喊："大家不要误会！我们班的刘豆豆是个诚实的好学生！他和广告上的刘豆豆没有任何关系……"

看着老师那佝偻的身影和头上渗出的汗珠，刘豆豆顿时热泪盈眶。

一个人默默地走到刘豆豆跟前。他那干枯的长脸毫无表情，但却长着鹰隼一样的眼睛。那目光直直地盯着刘豆豆的脸，犀利而可怕。刘豆豆不由得低下头来。

"孩子！告诉我，你是不是把名字卖给了别人？"他缓缓地问，平静中隐含着一种极大的震慑力量。

人群立刻平静了，所有的目光在刘豆豆的脸上聚成了一个巨大的光亮的焦点。

汗水顺着他的脊背流淌下来。

许久，刘豆豆喃喃地说："没有……"

人群散去了。刘豆豆听到了一声长长的深深的叹息。

刘豆豆的衣服全都湿透了，像从水里捞出来的一样。刚才这惊心动魄的一幕使他坚定了这样一个决心——卖名字的事对谁也不能讲，永远不能讲！

"孩子！你相信人有灵魂吗？"

刘豆豆转过身，那个长着一双鹰眼的陌生人站在他的身后。

刘豆豆摇摇头："我不知道……"

"人是有灵魂的，而且可以出卖！"

这话深深地刺痛了刘豆豆的心。他反唇相讥："我不相信人有灵魂，因为我看不见它！"

陌生人笑了，他走到阳光下指着自己的影子说："看！我的灵魂！"

这就是你的灵魂？刘豆豆冷笑着也走到阳光下，他愣住了，他没有影子。他惊慌失措，前后左右地寻找。

"不用找了，你知道把它给了谁！"

刘豆豆的脸色变得煞白。他彻底明白了，为那些钱，他付出了什么样的代价！

老师和同学们朝这里走来了。

刘豆豆猛地跳起，不顾老师和同学们的呼喊，向校门外飞奔而去。

刘豆豆瞒着母亲，悄悄地将钱包放在书包里，他决心要找到那两个买他名字的人……

　　事情竟是意想不到的容易。那两个人就坐在马路对面的饭店里吃饭。刘豆豆隔着大玻璃窗看见了他们。

　　"我要收回我的名字！"刘豆豆强忍愤怒地说。

　　"可以！你从别人那里买一个名字代替你！"一个人微笑着说。

　　"不！让我把签名擦掉！"刘豆豆喊起来。

　　"好吧！"那人打开皮包。刘豆豆又看见了那给他带来许多金钱和痛苦的签名。

　　刘豆豆用橡皮去擦，他惊异地发现他在擦一个字的影子，影子怎么能擦掉呢？刘豆豆愤怒了。他去撕那张纸，但碰到的却是冰冷得像铁皮一样的东西。

　　"只有用一个新的签名贴到上面才能代替你！"那两个人冷笑着将本子收起来。

　　刘豆豆呆呆地站在那里，他准备用这些钱再去买一个签名。

　　买名字可不是件容易事。他不能像小贩那样公开吆喝，他只能像乞丐一样低声向别人询问。人们不是把他当成神经病，就是认为他在恶作剧，就像他当时卖名字时的心情一样。遗憾的是人家都不卖。当然，刘豆豆绝不敢向他的同学或朋友买，操场上那一幕，他至今记忆犹新。

　　一个月过去了，刘豆豆变得很瘦。他不敢与别人在阳光下玩，甚至不敢与同学在灯下复习功课。他简直像鼹鼠一样活着。

一天中午，刘豆豆在一条小巷里见到一个小姑娘在门口玩，她大约四五岁，穿一条红色的背带裙，像只可爱的小蝴蝶。

刘豆豆心中怦然一动："小姑娘，你叫什么名字？"

"我叫刘薇薇！"

"真好听！"

"我的名字最好啦！爸爸原来给我起的名字没有这个好听，是爷爷查了字典给我起的。"

"刘薇薇，把你的名字卖给大哥哥好吗？"刘豆豆觉得那不是自己的声音。

小姑娘咯咯地笑起来："名字怎么能卖呢？又不是冰棍儿和巧克力糖！"

"我给你钱，可以买好多好多冰棍儿和糖。"刘豆豆脸上露出了十分古怪的表情。

小姑娘摇摇头："你是逗我玩的。"

"真的！大哥哥没有名字呀！"刘豆豆痛苦地说。

"你爸爸为什么不给你起名字呀？我们幼儿园的小朋友都有名字！"

"我没有！"刘豆豆的眼泪都快掉下来了。

"大哥哥，我不要你的钱，我把名字送给你。你也叫刘薇薇，大刘薇薇！好吗？"

"谢谢你，你会写名字吗？"

"会！我还会写我爸爸的名字哪！"

刘豆豆的手在发抖，他将纸、笔递给小姑娘。

小姑娘歪着小脑袋瓜想了一会儿，开始一笔一画地写："不许看！"

刘豆豆默默地转过脸去，泪水已从心中涌出。

传来铅笔尖被折断的声音。刘豆豆回过头，小姑娘举着纸。刘豆豆看见了歪歪扭扭的三个字。

"送给你吧！"小姑娘大方地说。

风儿将小姑娘的裙子吹得鼓起来，刘豆豆想起自己上幼儿园时做游戏用的大红萝卜。

刘豆豆忍不住哭了。他将那张纸撕成了极微小的碎片，风儿吹过，碎片雪花一样地飞舞起来。

四

终于有一天，刘豆豆在农贸市场看见了一个他寻找了许久的人。

那是个面色憔悴、形容枯槁的老头儿。他佝偻着身子，颤巍巍地挪动着那双不灵活的脚，背上有个又脏又破的棉絮卷。那恐怕就是他的全部家当吧！

老头儿在这个摊位前停停，又在那一个摊位前站站，嘴里不知在唠叨着什么。人们厌恶地挥挥手让他走开。多可怜的一个老乞丐呀！刘豆豆摸摸口袋里的钱，很想帮助他一下，于是向前走去。

那老人的头发都已花白，已是耄耋之年。瘦骨嶙峋的手像蒙了一层牛皮纸，只有几条青筋毕露，才使人看出那里还有血液在流动。

一个念头在刘豆豆心中突然萌生了。这老乞丐已经是行将就木的人了，他的名字一定不会比他的肚子更重要。他在阳光下还能活多久呢？他的影子对他来讲还有什么用呢？……

刘豆豆将嘴凑在老头儿耳边低声说："老爷爷，我给你很多钱，你把名字卖给我……"

那老头儿抬起头发蓬乱的脑袋，一瞬间，刘豆豆发现那双枯井般的眼窝里闪出狂喜的光芒。老头儿伸出颤巍巍的手，死死抓住刘豆豆的衣襟，像落水者突然抓住一块木板一样。那急切的目光紧紧盯住刘豆豆，不肯有片刻的放松。

他拉着刘豆豆蹒跚地来到市场旁的一条胡同里。

"你说，你要把名字卖给我？"老头儿那干涩的眼睛里露出攫取的光。

"不对！我是要你把名字卖给我！"刘豆豆大声地纠正着。

"不！是你把名字卖给我！"老头儿疯了一样，用嘶哑的声音号叫着。他将背上的破棉絮猛地扔到地上，撕开。

刘豆豆惊呆了。破棉絮里是一捆一捆的钱，堆得像座小山。

"卖给我吧！这些钱都给你！为了买一个名字，我整整花了几十年的工夫！我马上就要死了，我要安宁，可是我没有名字，没有影子，没有灵魂……"几滴浑浊的泪水从老头儿枯井般的眼窝里涌出，顺着那纵横交错的皱纹流淌下来，"卖给我吧！可怜可怜我吧！"

刘豆豆僵在那里不动了。他仿佛看见了几十年后的自己，只觉得浑身战栗……

太阳转过来了，阳光照耀着这一老一小。他们默默地看着对方的身后，相对无言。

一片残留在树上的枯叶被风吹落。树叶泛着耀眼的金光，徐徐下落，与它在地上的影子合并重叠起来。

拐角书店

一

师范大学的阶梯教室里有只咖啡色的猫，毛的光泽说明它营养良好，神态也是衣食无忧的样子。

这只猫之所以引起同学们的注意是因为它不是偶尔在教室走走逛逛，而是几乎天天来，居然还占了个座位。

阶梯教室是间公共教室，座位紧张，猫坐了，人就没法坐。因此开始的时候，猫经常遭到驱赶，女生当然免不了大呼小叫。

奇怪的是这只猫并没有惊慌失措地逃窜，只是慢慢悠悠地换一个座位。椅子坐满了，它就坐在桌子上。桌子上书本拥挤，它就往旁边靠靠，摆出一副和平共处的姿态，就像一个脾气很好但做事又很执着的学生。

猫的眼睛都很特别。

凡是与猫对视过的人都知道，猫的目光中似乎没有恐惧，没有犹豫，只有神秘与冷峻，与它们对视一会儿往往让我们觉得浑身发冷，心中还会想：人怎么能怕一只猫呢！

这只猫也是如此，虽说与人近在咫尺，但很少有人听到它叫唤。你不看它，它不看你，你要看它，它就与你对视，对视到你转过眼睛。

一般这种咖啡色的猫，眼睛是黄色的，可它却有着一双蓝色的眼睛。

这只猫平时总是懒洋洋地蜷伏在那里，如果有人讲课，它也会坐直，装着聚精会神地注视一会儿，给讲课的人一点儿面子，表示它对你的关注……

时间久了，没有人再和它争座位，它喜欢哪个位置就坐哪个位置……再到后来，猫也总是坐在桌子上，就像一个书包、一件衣服，大家慢慢习以为常。一来二去，这只猫成了师范大学校园的一道风景。你看，学习氛围多浓啊，连猫都整天"泡"在教室里听讲，那些莘莘学子还用说吗！老师们也很重视这只猫，讲课的时候，如果那只猫不在场，老师都会问，那位"学生猫"呢？

于是有人给它起了个名字叫作"学生猫"，学生猫的照片被发到网络上，立刻受到大量网友的关注。许多外校的同学也慕名而来，特意看看学生猫。学生猫变得很出名！传闻也渐渐多了起来，甚至说它不但读书而且喜欢读名著。

人听课不是新闻，猫听课就是新闻。因此这也成了师大校园的一件趣事。

有一天，大家注意到学生猫没有来听课。第二天，学生猫还没有来。大家便有些奇怪——学生猫可能去会"女朋友"了。一个星期过去了，猫还没有出现，同学们担心了。

学生猫失踪的消息引起全校同学的注意，有热心的同学在学校的布告栏和微博里庄重地发布了寻猫告示：

师生们敬请注意：

咱们的学生猫已经一个星期没有露面。烦请广大师生注意校园的各个角落，包括那些人迹罕至的地方，帮助寻找学生猫。有知道消息者迅速通知我们！

下面的署名有点儿夸张——寻找学生猫委员会。

再下面是个手机号码，写告示的同学是个生物系二年级的男生，名叫楚天然，自称是寻猫委员会的"秘书长"。

猫的照片发到微博后，寻找学生猫成了网上头等重要的"寻人启事"。接下来的日子里，同学们在课余饭后纷纷开始寻找学生猫。

也有人说，教室本来就不是猫应该待的地方，猫走了没有什么奇怪的，找什么找！

不料，这个本来属于正常的观点立刻遭到大家强烈地反对。说他没有爱心，甚至要将他"人肉搜索"出来示众，于是没有人再敢忽视学生猫失踪的事情了。

互联网上每天都有关于学生猫的问询和消息。许多人找到了各种各样的流浪猫，但是和学生猫的照片比对，都有很大的差异。这时候大家才发现，那只学生猫是多么的英俊，多么的有风度，多么的神奇！

一个消息传来，有人在这个城市的一家书店见到过这只学生猫。

这家书店的名字叫"拐角书店"。

二

秘书长楚天然同学在第一时间赶到了拐角书店。他发现，拐角书店是一座老式的小房子，坐落在几座大楼的中间，就像一群高大的巨人包围着一个小小的孩子。

在书店门口的小街上，他看见了一辆推土机突突突地驶过。

推土机本没有什么好奇怪的，奇怪的是这个推土机的吓人的大铁铲举在空中，开到小街的一端，调了个头又开回来，在书店门口停了一会儿，又突突突开到了小街的另一端……

这个书店恐怕要被拆掉了，楚天然想。

楚天然走进门，发现书店虽小但却很干净、很整齐。一股说不清道不明的味道弥漫在房间里，让人觉得踏实而温馨，忍不住想在书架中间走走转转，抽出一本书摸摸翻翻……这里还有几分神秘，似乎不论什么书你都可以在这里找到。小小的房间里好像能装下整个世界……

一位满头白发的老奶奶走过来问："要帮忙吗？"

楚天然心头一动,难道书店还有这把年纪的职工?但是他不好开口。老奶奶微微一笑说:"我就是这里的店主人!"

"您好,对不起,我不是来买书的。情况是这样的,我们学校丢了一只猫,听说它在您这里,我可以看看吗?"说着,楚天然拿出手机,把学生猫的照片给老奶奶看。

老奶奶戴上花镜看看照片说:"怎么这么巧啊?"

楚天然很高兴:"真的在您这里?"

老奶奶笑笑说:"我们家原来也养了一只猫,那是一只被遗弃的小猫,养了快十年,两个月前忽然不见了,我就想它可能觉得我这里太冷清,找热闹去了……没有想到,一个星期前它又回来了,和你找的猫长得差不多……"

楚天然一愣,说:"您能让我看看吗?"

"就在第二排书架后面,你去看吧!"

在第二排书架的后面,楚天然果然找到了那只猫,猫很安静地蜷伏在那里,它抬起头来看看楚天然,注视了一会儿,那神态好像在说:你来做什么?

楚天然又找出学生猫的照片比对了一下。没错!就是这只猫。如果老奶奶说的是实话的话,那就是猫离开了书店而后到的师范大学。因为在楚天然的记忆中,这只猫被大家关注并不是很久,成为一只名猫也就是一个多月前的事情,从时间上算,这只猫可能就是老奶奶的猫。

"老奶奶,我们要找的就是这只猫,我估计这和您家里养的是同一只猫。"接着,楚天然便把这只猫在大学里怎么受到学生的欢迎，成了一只名猫，同学们怎么渴望它的归来，还给它起名"学生猫"的事告诉了老奶奶。楚天然最后说："按道理来说，猫回到书店是物归原主，我没有理由把猫带走。老奶奶，您看呢？"

让楚天然没想到的是，老奶奶想了一会儿说："既然有那么多的同学喜欢它，如果猫愿意的话，你可以把它带走。"听老奶奶这么说，楚天然顿时心花怒放。接下来就是怎么取得学生猫的同意。

楚天然定定神。找到学生猫是一码事，把学生猫带回学校又是一码事。强行带走肯定有困难，也显得对猫不尊重。楚天然有备而来，他带了一个纸箱子，里面还放了一条小鱼干。楚天然很有礼貌地说："大家都很想念你，委托我来请你回学校，如果你愿意的话，希望你到箱子里去，这里丝毫没有关起来的意思，只是个交通工具而已……"

猫轻轻地叫了一声，身体却一动不动。

楚天然又打开纸箱盖儿，把里面的小鱼干展示给猫看。学生猫仍没有反应。

"我真是诚恳地请你回去……"楚天然有点儿不知道怎么办好了，他实在想不出更好的主意。于是他退步走到老奶奶收款的柜台前面，准备和老奶奶聊聊天，等一会儿再和学生猫商量。万一它执意不肯走，也没有办法，只能照张照片发在网上，告诉大家学生猫的近况。当然，今天他要是能把学生猫带回学校，那就太棒了，楚天然可就成了英雄！

"门前推土机是怎么回事？"

老奶奶笑了："他们是想把我吵烦了，让我同意搬家。"

老奶奶说，这虽然是一家小书店，可是已经有几十年的历史了。老奶奶的爷爷经营这家书店的时候老奶奶还是一个小学生。后来爸爸成了小书店的主人，老奶奶成为了一位小学老师。再后来老奶奶退休了，就接替了父亲，成了这家书店的主人。

这个城市的书店几乎都没有了，有的书店因为房租太高，被迫倒闭改成了饭馆。还有的书店被拆了，盖起了写字楼、大商场……来书店的人渐渐少了，有的时候，整整一天也就来十几位顾客。

老奶奶的书店是自己的房子，不用交租金，因此勉强维持了下来。这几年，不断地有人来动员她搬走。答应给她许多钱，给她很宽敞的公寓楼房，过衣食无忧的生活。可是老奶奶说："我不用那么多钱，我喜欢年轻人到书店看书！这地方要是盖了商场，他们到哪儿去看书呢！"

于是有人就开来一个推土机在书店门口开过来又开过去，突突突，突突突……希望把老奶奶赶走。

"书店要是真的拆了，这只猫回来都找不到家了……"老奶奶有点儿伤感。

学生猫走了过来，蜷伏在老奶奶的脚下，似乎听懂了老奶奶的话。楚天然心中一动，这猫是通人性的。

学生猫又走过去，碰碰楚天然的脚。楚天然一阵高兴，他弯下腰想把猫抱起来放到箱子里，猫却跳开了。他又把箱子放倒，想让猫钻进去，不料，那猫却径直朝书店的门口走去，步伐是缓慢的，边走边回头。楚天然一下子明白了学生猫的意图——它不想进箱子，就想这样走着跟着楚天然回到师范大学……

楚天然急忙站起身，与猫同步走向门口，再跨一步就走出去了。猫发出了叫声，并停住了脚步。

楚天然不明白猫的意思："你是要进箱子里来吗？"说着，楚天然把箱子放到猫的面前。猫的叫声更大了，楚天然不知如何是好。忽然他想到，来了书店半天，还麻烦人家老奶奶，有点儿不好意思，于是想买本书表示表示。

想到这里，楚天然买了一本听说最近得了大奖的小说——如果不是今天这种情况他是不会买的，就是买也要到网上去买。

令他惊讶的是，猫立刻不叫了，迈开脚步走出书店。楚天然很惊讶，学生猫居然如此体谅老奶奶呀！

第二天早晨上课的时候，同学们又在阶梯教室见到了学生猫。大家异口同声地称赞楚天然有办法。许多同学们纷纷和学生猫照相留念，因为大家这才发现相聚的日子原来不是天天都会有的。

不料，下午上课的时候，学生猫又不见了。

三

楚天然听说了这件事，立刻给拐角书店的老奶奶打了电话，老奶奶说，那只猫的确又回来了。

第二天的下午，楚天然约了另外两个同学来到拐角书店。一是为有个帮手，二是为有个见证。把学生猫请回来可不是一件容易的事情，要是没有人证明，那些鬼祟的同学还以为楚天然把学生猫藏到宿舍里，故意作秀呢……

推土机还在突突突地开来开去。

走进书店，老奶奶带着三人在书店第三排书架后面找到了学生猫。

不管学生猫是否听得懂，楚天然认为还是宣布一下为好，楚天然说："大家很尊重你，同时大家也很尊重你的选择，但是我们要互相尊重，你为什么回到学校又不辞而别呢？有什么条件没有满足吗？如果还有其他的要求，也请给我们一些暗示才好！"楚天然说话的神态，让同来的两个同学觉得他在搞什么古怪！

没有想到，这次学生猫却很是爽快，立刻跳下书架朝书店的门口走去，三个人很是吃惊。不过走到门口的时候，学生猫故伎重演，大吵大叫。这次仅仅是楚天然一个人买书是不成了，直到三个人一人买了一本书，学生猫这才跟着他们回了学校。一时间，楚天然觉得这猫好像是老奶奶训练出来推销员。这老奶奶对这只猫做了持久的训练，只可惜训练这点儿雕虫小技，又能卖上几本书呢？

果然，学生猫在大学待了半天又不见了。

楚天然这次没有给老奶奶打电话，而是径直来到拐角书店。他决定和老奶奶谈一谈，请老奶奶讲明，答应什么条件，这猫就可以长久地回到大学。

那是个中午，阳光格外刺眼，快到书店大门的时候，楚天然发现街道上一个人也没有，那辆推土机也停住了，司机坐在书店的门口打盹儿。楚天然觉得情况有些异样。

推开门，他惊呆了。映入眼帘的不是书架，也不是书，而是猫！不是一只学生猫，而是满眼的猫，似乎是数不过来的猫。黑的、白的、咖啡色的、灰色的、花色的，还有那种只在电视里见过的长得特别但却非常名贵的异国短毛猫。它们有的蹲在书架前，有的站着，有的趴着，还有的走动……视线所及，怎么也有几十只猫，书架后面的情况还不知道。这里简直成了猫的世界。

看见楚天然他们进来，那些猫不约而同抬起头看着他们。楚天然有些恐惧，不由得向后退了两步。他左右看看，另外两个同学已经退出门外。

楚天然大声喊起来："有人吗？这里有人吗？"此刻他最担心的就是老奶奶。

"我在这儿，第三排书架后面。"后面传来老奶奶的声音。

"老奶奶，您没事吧？"楚天然大声问。

"我没事儿——"老奶奶的声音有点儿小。

楚天然觉得自己的想象力变得十分活跃。老奶奶不在门口，而在后面，她是不是被猫绑架了、被胁迫了，没有了自由。这个书店昨天还很正常，楚天然离开24小时不到，怎么一下子就聚集了这么多的猫？老奶奶是什么人？简直就是白发魔女嘛！这些猫说不定就是她变出来的……到了第三排书架后面，没准没有什么老奶奶，可能就是一只白色的大猫在说话……一个个离奇的画面在楚天然的脑海里浮现。

楚天然的声音开始颤抖："老奶奶，您能走到门口来吗？"

随着沙沙的脚步，老奶奶出现在书架前。

楚天然心中一愣，老奶奶依然是那么平静，依然是那么精神，花白的头发一丝不乱。

"您不觉得奇怪吗？"楚天然问。

"非常奇怪。"

"它们什么时候来的？"

"昨天夜里陆续来到。"

"您不害怕吗？"

"开始害怕，后来就高兴了，不寂寞了，人不来，猫来！"老奶奶笑着说。

楚天然觉得有人推了推他的肩膀，回头一看，同来的女生举着手机给他看。

楚天然接过手机定睛看去，屏幕上这样写道：

市公安局官方微博：今日接到几十起报警电话，许多市民饲养的宠物猫都不见了踪影。警方怀疑这是同一团伙所为，他们有预谋有组织窃取名贵宠物猫进行倒卖活动，希望广大市民有知道消息和线索者速与公安局王警官联系！电话……

楚天然看看周围，这才发现眼前的这些猫个个出类拔萃，有的名贵，有的可爱，有的奇特，只看毛皮的光泽就非大街上、校园里常见的那些流浪猫能比。

楚天然把手机交给老奶奶观看，老奶奶带上花镜仔细阅读，看完之后，着急地说："真没有想到，赶快通知大家来领猫吧！丢猫的人一定很着急！"

四

大约半个小时之后，拐角书店前的小街被人们围得水泄不通，主要都是那些丢猫的家庭，少则一口多则三口，有爸爸，有妈妈，还有不少是上小学和幼儿园的孩子，他们放弃了手头的事情赶来寻找自家的宝贝猫。还有围观的群众，以为这家书店就要被拆掉了。当然，还有大量的新闻记者，场面是相当混乱。

王警官站在推土机上大声说："我刚从书店里出来，

里面大约有一百多只猫，据我观察，这些猫的身上没有被捆绑、被抽打、被虐待的痕迹，请大家放心。因此我们分析这些猫很可能是夜晚自己离家出走的。"

"啊——"全场一片放心的叹息。

"现在这家书店里，可能就有你家的猫，但也可能没有你家的猫，现在领回你家的猫有点儿像领回你家的孩子，既不能冒领也不能错领，孩子会说话，猫不会说话，因此大家必须按我们的规定办理，必须遵守纪律。"

"哈哈——"全场一片理解的笑声。

按照王警官的办法，每个认领猫的家庭派一个人走进店里，先指认他的猫，猫也回应他的指认，互相确认之后，这个人才可以将猫抱在怀里走出书店。为了万无一失，每位领了猫的人还要填写一张登记表。

认领猫的活动开始了，第一次进入书店的是六个人。一家电视台的记者也被允许进入认领猫的现场拍摄。

楚天然和他的同学成了临时志愿者，负责维持秩序，那只学生猫蹲在老奶奶身边。看它那过于冷漠的神态，楚天然有点儿担心，他知道这么多猫一夜聚会起来，肯定和学生猫有关，现在它能够轻而易举地让主人们把它们领走吗！

第一个进来的是位中年妇女，一进门她就忘情地喊起来："来福——来福——"一面叫一面在书架子中间转，不一会儿，一只很可爱的三花小猫发出喵的一声。中年妇女弯腰把猫抱起来，亲昵地说："来福，你可把妈妈想坏了，以后可不许乱跑了……"

就这样，来福的"妈妈"抱着来福站在第一排书架子的前面。填表的时候她告诉楚天然，她的小猫很名贵，品种是喜马拉雅猫。

紧接着一位魁梧的男人也抱着他的猫与来福的妈妈并排站在一起。他的猫也很名贵，是一只布偶猫，名字叫胭脂，男人的脸紧紧贴着它。

大约十分钟的时间，进来的六个人都找到了自己的猫，也填了表格。这些猫都是名贵的猫，有缅因猫、西伯利亚猫……

王警官让他们抱着自家的猫往外走，不料，就要走出大门的时候，那六只猫不约而同地叫了起来。

楚天然急忙走到警官耳边说了几句话，王警官愣了一下，然后对大家说："人家书店的主人不容易，咱们的猫把人家的书店弄得乱七八糟，大家每个人买本书算是对书店主人的答谢好不好？"

认领猫的人一致同意，纷纷掏钱买书。

当大家抱着猫再一次走出大门的时候，猫又叫了起来。不但叫，而且开始在主人的怀里挣扎。大家呆住了。警官忍不住问楚天然："你说的办法不灵嘛，赶快问问，还有什么条件？"

大家一起看着老奶奶。

老奶奶摇摇头："我也不知道为什么……"

大家僵在那里，谁也不知道怎么办。

楚天然看看学生猫，学生猫不动声色，似乎眼前的事情与它毫无关系。

此刻，书店门外已经是人声鼎沸，人们大声叫喊："怎么这么慢呀！快点儿呀！我们的猫呀！还有事情呀！"

说着喊着，有些人已经闯进了书店，王警官怎么拦也拦不住。

里面的人出不去，外边的人又不断地涌进来，一会儿的工夫，一百多人都进了书店，他们先是找自己的猫，好不容易找到了，自己的猫又死活不肯跟着主人出门。人的叫声，猫的叫声混成一片。窄小的书店出现了罕见的一幕：每个人怀里抱着一只猫，人挤着人，猫挨着猫……

王警官在门口大声喊："把猫放下，人先出来好不好？"

人们都想出去，可是又舍不得怀里的猫。

就在这个时候，书店的门开了，一个中年男人挤进了书店，手里还举着一本书。书的封面上有只美丽的蝴蝶。

警官拦住他说："不要再进来了，就是你找到猫，也走不出去。"

中年男人说："我不是来找猫的，我是来感谢向爷爷的。"

老奶奶走过去说："你说的向爷爷是我的父亲，他已经不在了，有什么事情请跟我说。"

中年男人说："二十年前，我还是个小学六年级的学生，有一天，我在这个书店看到了一本书，名字叫《蝴蝶的故事》，我非常喜欢，可是我没有钱，趁着向爷爷没注意，我就拿着书出了门，可能因为心慌，也可能因为台阶太陡，刚出大门我就摔倒了。没有想到，向爷爷出现在我的面前，他不但扶我起来，还给我上药。他看着我的脸说：'孩子，你这是低血糖，以后要注意营养呀，可不能饱一顿饿一顿呀。'我说：'向爷爷，我对不起你。'向爷爷说：'为什么对不起呀？'我说：'向爷爷，我偷拿了您的书。'

向爷爷摸着我的头说：'爱读书的孩子都是有出息的，我知道你现在没有钱买书，今天这本书就算是向爷爷送给你的。希望将来你能成为一个可以写书的人。把你写的书送给向爷爷，就算我们谁也不欠谁的了……'

"我当时流下了眼泪，对向爷爷说：'我长大了要当个昆虫学家。我要写一本关于蝴蝶的书，等书出版后，我第一个就要送给您，送给拐角书店……'二十年来，我上了大学，学习生物专业，后来成了一个昆虫学家，这些年我始终没有忘记和向爷爷的约定。今天我这本关于蝴蝶的书终于出版了，于是就拿来送给向爷爷，报答他对我的恩情。"

书店里一下子安静了。

人们沉默了一会儿，"来福"的"妈妈"开口了："小时候我也来过这家书店，当时我非常爱读书，可是家里没钱买书，那时候书店的主人是位老爷爷，每次在书架前读书的时候我都怕老爷爷责怪我只看书不买书。有一天老爷爷走到我的身边，我特别不好意思，急忙把书放回书架上。没有想到，老爷爷说：'孩子，这里的灯光暗，会弄坏眼睛的，你到门口我的桌子旁来看，那里光线好……' 以后我每次来到这家书店都觉得特别温暖，就连纸张的颜色都让人安静……"

抱着"胭脂"的魁梧男人说："我也来过这家书店，那时候我还是中学生……"

书店里的人依旧很多，但是大家不觉得拥挤了，大家静静地听着周围的人讲述他们和书店的故事，心底变得柔和了，并奇迹般地想起了自己曾经也来过这家书店，往日的时光涌上心头，那一本本读过的书在脑海里也变得清晰起来……

一个小时过去了，又一个小时过去了。

傍晚的时候，拐角书店的灯亮了。不是很亮，而是柔和，很远的地方就能感到它的温暖。

人们陆陆续续地从拐角书店里走出来，怀里抱着他们的猫。

"砍协"秘书长

一

整整一个星期天的上午，刘贵贵都在写一份申请书。当然，不是入党申请书——刘贵贵今年才十四岁。也不是入团申请书，班上的"三好学生"、大小"干部"都还没敢写申请呢，哪轮到他这个连小组长都不是的"萝卜头"呢？

刘贵贵眼前的白纸上整整齐齐地写着：我申请加入中国砍大山协会。

写下这个题目很容易，关键是下面有一条，要求写上为什么要加入"砍协"，加入"砍协"的伟大意义。

刘贵贵冥思苦想了半天，好不容易才写下这么几句：加入"砍协"可以锻炼自己的口才，增长知识，丰富课余文化生活，搞好和同学们的关系……可刘贵贵觉得这样写太空洞，太没有水平，更没有将自己要加入"砍协"的强烈心情写出来。而且这样写太呆板，不幽默，有悖于"砍协"的宗旨，八成不会被批准……

趁着刘贵贵继续构思的时候，我们向大家介绍一下什么是"中国砍大山协会"。

"砍大山"是北京一句新兴的土语。它原本的意思是聊天、闲谈。像东北人说的"唠嗑"、四川人说的"摆龙门阵"……可是，近两年聊天却有了很大的发展，长足的进步。从内容到气氛，从形式到勇气，再加上海阔天空，胡说八道，吹牛皮不上税，聊天这个字眼儿已经不能担负起这样"繁重而光荣"的任务了，即便说神聊也不够味儿，于是统统归为一个"砍"字。为了念着形象，更有意境，人们就把这种常见的生活现象叫"砍大山"。"侃"字是砍树的"砍"，还是侃侃而谈的"侃"，这不重要，关键是人们有着需要更新的强烈愿望。即便没有"砍"字，人们也会发明一个新的词来代替"聊天"这个四平八稳的东西。

于是，从马拉多纳到女排邓若曾的辞职；从奥斯卡的小人头到中国的某个演员……凡是能引起人们兴趣，愉快而激动地消磨时间的话题，形式不限，长短不拘，真实与否，都要归在"砍大山"的麾下。

在北京一所不起眼儿的中学里，也藏龙卧虎般地出现了几个"砍"欲十足的半大小子，年龄都在十四五岁。为首的外号叫"瘦猴"。小伙子脸上十分瘦削，除了负责说话和吃东西的咀嚼肌十分发达之外，似乎全是皮贴着骨头。

"瘦猴"从不主动向别人"砍"，似乎意识到自己的地位，态度十分矜持。可是不管他出现在哪里，热心的听众就会立刻围上来，铁屑飞向磁石般，百般请求，千呼万唤，他才开始"砍"起来，但只要一"砍"就语惊四座。他面无表情，但头脑清晰，声音抑扬顿挫，说到可笑之处，脸色愈发严肃，语言却更加生动传神。

"瘦猴"周围的几个伙伴也都不是平庸之辈，他们见多识广，知道许多奇闻轶事。不管是电视里看的，还是书上瞧的或是听别人说的。耳朵和眼睛零零碎碎地收集起来，在肚子里消化、整理、加工、放大，然后再从嘴里滔滔不绝地"砍"出来。他们与"瘦猴"之间相互切磋，久而久之，便也能各领风采，独树一帜。

他们大约分为如下几类：一类便是"瘦猴"这样的库存丰富，口才极好，又有独立见解，处于领导地位的。第二类便是不管听众是否感兴趣，说过六七遍的陈芝麻烂谷子还照"砍"不误的。但因为新鲜事毕竟是凤毛麟角，数量有限，所以他们处于骨干地位，代表人物是矮矮胖胖的"老鼻子"。第三类便是幽默感极强，但又不能独立成篇，只能插科打诨，起着调节气氛作用的。这里值得一提的就是给"瘦猴"和"老鼻子"起外号的"小哨儿"。

这群人里还有一类不入流的，便是前面提到的刘贵贵，他是忠实的听众。每当别人"砍"到一处，甚至是毫无趣味停下来的时候，他便瞪着一双天真的大眼睛虔诚地问："后来呢？后来呢？"于是"砍"的人受到鼓舞，兴趣陡然增长，继续"砍"下去。可惜人们还没有注意到刘贵贵一类的作用。

有一天，话题不知怎么绕到"出国"这个老题材上了。

"老鼻子"突然眼睛一亮："嘿！你们知道出国的个别家伙怎么丢人吗？他们为了省钱买冰箱，又不认识外国字，居然买狗食罐头来吃，特便宜！后来让服务员发现了。真给中国人丢脸，丢人丢老鼻子啦！"

刘贵贵听了大惑不解："狗肉不是挺好吃吗？"

"别冒傻气了！那是专门给狗做的罐头，人家外国狗特高级……""老鼻子"冷笑着不屑地说。

"小哨儿"拍了拍"老鼻子"的胖脑袋，说："哟！你爸爸是美国人吧？"

"干什么？""老鼻子"不乐意地将"小哨儿"推开。

"别老糟践咱们中国人好不好？外国人比中国人还抠门儿。我爸爸一个同事的亲戚在大使馆给外国人当一级厨师。有位大使离任前开招待会，各国的大使、参赞、武官都来了。你猜给人家吃什么？把面包切成丁儿，油炸了，桌上就放这个，还告诉服务员等他讲完话再给客人倒酒，怕酒不够了。整个招待会，五十块钱都没用了，还大使呢！""小哨儿"说完又加上一句："绝对真实！"

整个气氛活跃极了，大伙你一套，我一套的，最后又轮到"瘦猴"说话："中国有什么作家协会，什么电影协会，咱们成立一个中国'砍大山'协会怎么样？"

"同意！由你当主席！""小哨儿"跳上椅子。

"可以！'老鼻子'和'小哨儿'是书记！"接着，"瘦猴"点了几个人的名字说："你们都是第一批会员！"

大家哄笑着，喊叫着。谁也没料到，刘贵贵却难过到了极点——"瘦猴"忘了点他的名字。

"我呢？"刘贵贵可怜巴巴地说。

"瘦猴"这才发现了刘贵贵。他歪着脑袋沉思了一会儿，一本正经地说："实在对不起，砍协会员是要保证一定的质量……"

刘贵贵都快哭出来了，他万万没想到，他这个与"瘦猴"朝夕相处的朋友落了这么个地位，于是坐在那里半天没说话。

"瘦猴"的心里都快笑出了声，可他仍极严肃地说："贵贵，别难过，你回去写一个申请，然后我们开会研究研究，关键要写上加入砍协的意义……"

刘贵贵获得了一线希望，于是一个星期天上午都在认真地写。他哪里知道，这是"瘦猴"的恶作剧。

就在这时，刘贵贵的后脑勺被重重地拍了一下。刘贵贵吓了一跳，一回头，爸爸正瞪着那双布满红丝的眼睛看着他。

"写什么呢？"

"嗯……写申请书……"

"是入团申请书吗？"

"不是……"刘贵贵不敢撒谎。

"那写什么？让我看看！"

刘贵贵不得不把捂着的手从纸上移开。

爸爸定睛一看，顿时变了脸色："胡说八道！去！给我买酒去！"

　　刘贵贵知道，自从爸爸和妈妈吵了一架之后，爸爸就一直不停地喝酒。从每天吃饭的时候喝，发展到每天早晨起来也要喝一盅。从每天喝一两变成一天要喝到半斤。爸爸的床底下堆满了二锅头的空瓶子。

　　有时候，刘贵贵得了 100 分，爸爸就说："发奖！发奖！"然后从床底下掏出两只空瓶子递给刘贵贵："去！卖了，钱算你的！"

　　刘贵贵拿着钱走在路上，心里还想着申请书的事儿。

二

　　"瘦猴"万万没有想到，他的一句成立"砍协"的玩笑话，不但让刘贵贵如牛负重地干了好几天，而且他本人也成了学校的风云人物。

　　学生们向往一切新奇的东西。再加上"老鼻子"和"小哨儿"神乎其神的广告，成立中国砍大山协会的消息没出几天就传遍了学校的各个角落。各种好奇的、神秘的、怀疑的、敬佩的目光向"瘦猴"迎面扑来。

　　"瘦猴"仿佛突然发现了自己的价值，也好像在生活中突然找到了自己的位置。于是假戏真做，愈发得庄重起来。

　　终于有一天，他坐在了挤满人群的教室当中，一排由课桌拼成的会议桌前"主砍"的位置上。他的右边是"老鼻子"，左边是"小哨儿"。

　　这是一场自发的"砍大山"比赛。对方是高一（4）

班的三位选手。他们根本看不起"瘦猴"这些自命不凡的低年级的小孩子，决定在赛场上教训教训他们。

会场的气氛是紧张的，但也是欢快的。对于这一场别开生面的比赛，各年级和各班的好事者都表示了极大的兴趣，尤其是高一（4）班还有一位女同学参加了比赛。

他们肩并肩地挤在会议桌的四周，就像各国首脑会议上的新闻记者。刘贵贵也挤在当中，他刚刚把入会申请交到"瘦猴"的手上。可惜"瘦猴"还没来得及展开就坐到席位上去了。

"首先，我们对客队能有女同胞参加比赛表示欢迎！""瘦猴"微笑着说。

全场响起一阵夹着起哄的掌声。

"我们先商定一个比赛程序，请客队先讲。""瘦猴"虽然年轻，但已经充分显示出他那种惊人的镇定和高度的组织能力。他望着对方的"主砍"——一个仪态端正，长得像唐僧一样的人物说。

"唐僧"说："我们每个队各讲一个长故事，一个中故事，一个短故事……"

"瘦猴"微微一笑，慢慢地说："首先我要说明，我们今天不是讲故事比赛，也不是演讲比赛，而是'砍大山'比赛。'砍大山'不能过于严肃，过于完整。它最主要的特点是气氛和谐，随心所欲，神奇而不失幽默，欢乐而又不能低俗……"

人们光听说"瘦猴"有十二分的口才，今日一见，不但口才出众而且见解也十分令人叹服。于是又不由得鼓起掌来。

那位女选手毫不示弱，她冷冷地说："我希望对方不要故弄玄虚。听说，你们成立了一个什么'砍大山'协会，我们很想请教一下贵协会的宗旨是什么？你们认为应该怎样比赛？又是如何决定胜负？"

全场的目光唰地一下转向"瘦猴"，心中暗暗佩服这位"巾帼英雄"的伶牙俐齿。"小哨儿"和"老鼻子"也不由得将脸向"瘦猴"歪过去。这可急坏了人群中的刘贵贵，他不断地做手势希望"老鼻子"和"小哨儿"赶快"救驾"。

对方的脸上也显出几分不易觉察的得意。

"瘦猴"直视前方，沉思片刻，从衣袋里拿出一张纸。刘贵贵愣了——那是他的申请书。

"瘦猴"一字一顿地念道："我们'砍协'的宗旨是锻炼口才，增长知识，丰富课余文化生活，搞好和同学们的关系……"

全场呆住了，谁也没有想到"瘦猴"还会有文字材料，居然这样详细，这样全面。接着又是一片掌声。刘贵贵发现自己对"砍协"做出这样大的贡献，眼泪都快流下来了。

"瘦猴"举起一只手止住大家的掌声说："我们尊重客队的意见，长、中、短各砍一个。以掌声来判断谁胜谁负。同时我提议，由第一排的十名观众每人在纸片上写一个题目，然后由坐在对面的三位观众抓出三个，我们就以这三个题目为准！"

全场一片叫好和赞同的声音。

这真是一个有趣的序幕，一阵忙乱之后，开彩一般地抓出三个题目，顺序是：时间和效率、饮料、友谊和爱情。全场哈哈大笑，选手们却都愣了。第一和第三个题目过于严肃，而第二个题目又有些刁钻古怪，但出于无奈，只好硬着头皮，试试运气。

不料，坐在"唐僧"旁边的那位奶油小生一样的选手却抢先开始。他轻轻咳嗽一声。刘贵贵据此断定他不会砍出什么好东西。

"每个人都有他办事的效率，六只乌龟在一起打扑克，突然发现饮料喝光了……"全场安静下来，大家发现这个奶油小生并不是平庸之辈。刘贵贵也和大家一样聚精会神地听下去。

突然，刘贵贵听见背后有人叫他："刘贵贵，老师叫你去一下！"

"大家凑了一些钱，让最年轻的乌龟去买饮料，两天过去了，他还没有回来……"

"刘贵贵！"这是老师在叫他。

刘贵贵不情愿地走出教室，老师和蔼地拉着他的手，来到办公室。

"刘贵贵，有什么困难需要老师帮助吗？"

"没有！"刘贵贵不知道老师为什么无缘无故地问这个。

"有困难，一定来找我……"老师的目光从来没有像今天这样和蔼和亲切。但刘贵贵居然没有看出来，他只想急于知道那乌龟怎么样了。于是，他又摇摇头。

老师又说了许多不着边际的话。刘贵贵什么也没有记住，只觉得时间太长了……

当刘贵贵又回到"砍大山"比赛会场的时候，时间和效率的主题已经砍完了，黑板上写着一比〇。"老鼻子"和"小哨儿"一脸沮丧的神情。"瘦猴"两腮上的肌肉在微微跳动。刘贵贵几乎要跳起来。

"唐僧"正在砍："有四只蚊子飞到屋子里，两只落到镜子上，另两只落到酒杯上。那两只落到镜子上的一定是雌蚊子。那落到酒杯上的一定是雄蚊子……"说完，他自己先哈哈大笑起来，可怜他不知道这是一个老掉牙的笑话。整个教室里只有几个孤陋寡闻的人笑起来。这是"唐僧"没有料到的。

"瘦猴"这一方露出不屑的神色。刘贵贵心中又燃起了希望。

"瘦猴"摇摇头，不加任何评论地说："现在，我来讲一件真事儿。我的一个同学的爸爸是酒鬼。每当他喝醉了的时候就对其他人说：'你们这也算喝酒吗？真正能喝酒的人叫酒漏，我就是一个酒漏，有一次我一下子喝了两瓶酒，身体根本不吸收，全都尿出来，用火柴一点，呼地一下子就燃烧起来……'"

全场哈哈大笑起来，甚至连对方也忍不住笑起来。

只有刘贵贵没有笑，他觉得鼻子发酸。"瘦猴"刚才说的正是刘贵贵的爸爸。这是有一次刘贵贵伤心至极，无意中对"瘦猴"说的。刘贵贵不会这样绘声绘色地砍。即使他会，他也不会对别人砍这件事。这是他的伤心事，也是丑事。每当爸爸喝醉了，向客人们重复这种醉话的时候，他心里总是酸酸的。刘贵贵低下头，他觉得大家正在看他。

黑板上的比分变成一比一。下面是友谊与爱情。刘贵贵什么也听不清了，只听见"嗡嗡"的声音和一些索然无味的东西。

当会场上又爆发出热烈的掌声时，刘贵贵才又高兴了。中国"砍大山"协会以二比一的成绩战胜了高一（4）班。"瘦猴"缓缓地从椅子上站起来，主动握握对方的手，俨然一位得胜的将军。

他走到刘贵贵的身边，拍着他的肩膀说："不错！你的申请写得不错！"接着，他又神秘地一笑说："明天下午，你给我们侃一个，我们接受你为会员……"

三

刘贵贵没有来上学。

"瘦猴""老鼻子""小哨儿"本想再和刘贵贵开玩笑，可惜这个令人发笑的节目只好以后再看了。

当他们正为昨天的成功沾沾自喜，而又为刘贵贵没能如约前来而遗憾的时候，刘贵贵突然出现在教室门口。

"瘦猴"赶快和"老鼻子""小哨儿"坐成一排，就像考场中的考官一样。

"大家注意听！开始吧！""瘦猴"说。

刘贵贵说："我爸和我妈离婚了，我跟我爸……其实，我妈是喜欢我的……"刘贵贵神色黯然，十分伤心的样子。

"瘦猴"一拍大腿说："好！好极了！题材虽说旧了点，但表情就跟真的一样，不错！"

其他人也一齐说："没错，绝对真实，可以！太可以了！"

刘贵贵面色变得十分古怪，他几乎结巴起来："我说的是真的！"

"小哨儿"哈哈大笑起来："真没想到刘贵贵这小子还真有点儿幽默感，当个话剧演员，准行！"

"瘦猴"大声喊起来："刘贵贵，等我们研究研究，你明天等信儿吧！打球去！"说完，"瘦猴"飞快地跑出门外。

操场上，"瘦猴"脱下上衣，再一次向全校同学显露了他的瘦瘦的臂膀和修长的身材。他胡乱做了些准备活动，正准备投篮的时候，"老鼻子"走到他的跟前黯然地说："刘贵贵他爸真的和他妈离了！"

"瘦猴"愣住了，紧张的肌肉顿时松弛下来："真的？你不是胡侃吧？"脸上却失去了往日的镇静。

"老鼻子"说："他哭着回家了！"

"上他们家去！""瘦猴"大声喊道。

　　"小哨儿"悄没声息地走过来："人家家里这么乱，咱们去起什么哄？"

　　三个人都没了话。

　　过了好一会儿，三个人默默地走进教室。

　　"瘦猴"从一个崭新的蓝色练习本上撕下封皮儿，在上面端端正正地写上：

　　中国砍大山协会特批准刘贵贵为正式会员，并特聘为砍协秘书长。

　　落款的时候，他沉思片刻，写上：你的好朋友们。"小哨儿"走过来，将临时用橡皮刻好的中国"砍协"的图章，涂上红墨水盖了上去。

　　"明天上学的时候，咱们一起交给他！""瘦猴"说。

　　"对！我们每人送他一件礼物！"

　　"就这么办！"

　　第二天，"瘦猴"的书包里鼓鼓囊囊地放着两只罐头和一枚兔年纪念铜币。

　　可是，刘贵贵没来上学。

　　傍晚的时候，三个人一起来到刘贵贵的家。开门的是一位中年妇女。她说："刘贵贵已经和他爸爸搬走了……"

　　"瘦猴"发现刘贵贵长得和她很像。三位砍协的领导人呆呆地站在门口，一股苦涩的滋味涌上心头。

少年刘大公的烦恼

第一章　声明

气象预报说，今天的温度和气压都挺适合户外运动，空气质量也是一级。

天气不错，刘大公的心情也不错。走进校门的时候，他特意和传达室的宋大爷打了个招呼。

不料，走到布告栏前面的时候，却发现情况有点儿异常。本来正在看布告的人纷纷侧过脸来莫名其妙地看着他。有些人的脸上还隐藏着一股掩饰不住的坏笑，要命的是人群中还有几个女生……

刘大公垂下眼皮，飞快地溜了一眼自己的全身。是不是脸上有什么脏东西？还是衣服扣子扣错了？当然也不排除穿了两只不一样的鞋——幸好，他没有发现什么值得大家嘲笑的地方。

问题说不定出在布告栏上——一定有什么与自己有关的重要消息。

表扬或者奖励？不可能！尽管他对表扬和奖励充满

渴望。

批评或者处分？更不可能！刘大公虽然不是什么出色的学生，但他绝对是百分之百的"守法公民"。

布告栏里到底是什么内容，他真是想象不出来。本想向教室逃去，但布告栏的疑惑让他止住脚步，硬着头皮走近布告栏。刘大公只觉得心在怦怦乱跳。他知道脸一定红得一塌糊涂。

大家纷纷给他让路。

一张 A4 打印纸贴在布告栏的玻璃里面，纸上是几行手指甲盖儿大小的仿宋字：

重要声明

敬请各位师生注意：刘大公子并非封建社会有钱人家的少爷或者公子。他乃是当代京城"大华街中学"高二年级一介书生是也。刘大公子本名刘大公。刘大公子或者刘公子仅是好事小人为他起的绰号而已。特此发表重要声明，以正视听！

刘大公

某年某月某日

刘大公愣住了。他从来没有写过什么声明。是什么人假冒自己的名义弄了这么个不伦不类的东西贴在这里。这是干什么？既不是表扬也不是批评。用北京话来说，这叫"现眼"。用大家都能听明白的话来说，这叫出乖露丑！

有人在搞恶作剧！这是刘大公的第一个反应。他想立刻把声明撕下来。不料，布告栏的玻璃橱窗上却挂着锁。本来他可以找到教务处的老师来处理。可是周围那些关注他的眼睛好像在挑衅地说："看你怎么样？"是不是就这样窝囊地离开？是不是去向老师哭诉？是不是就这样忍气吞声……说不定搞恶作剧的人就在围观的人当中看热闹。刘大公只觉得血涌上头，一个念头出现了：把玻璃砸了……先不用说这是欺人太甚，就是为了做给别人看，也得这么干！

不远的地方有半块铺甬道用的血红色的水泥砖，如果是整块砖的话，那上面被分成九个格。眼前这半块大约还剩四个格。刘大公捡起来很压手，他朝玻璃中间"捅"了一下。不知道是玻璃厚，还是用劲太小，玻璃居然没有动弹。刘大公缩回手，又来了一下。

这次动静可大了。哗啦一声，玻璃碎了一地，刘大公只记得橱窗的右上角有块像教学用的木制三角板形状大小的玻璃还留在上面。

刘大公伸进手一把撕下声明，头也不回地向教室走去。他知道背后的目光会像探照灯射出的光柱一样在他脊背上晃来晃去。

勇气突然消退了，惶恐悄悄涌上心头。

万一学校怪罪下来，顶多赔块玻璃。反正手里拿着"罪证"，不怕学校让我一人承担。关键是刚才的举动是不是值得？刘大公想。

话说回来，这声明也并非全部是无中生有。首先，刘大公的确有个"刘大公子"的外号，而且已有两年之久。刘大公刚上初一的时候，他的名字被公认得好。你看这名字，笔画不多，端正简洁，不但好记而且念起来也十分响亮。如果从字义上来讲，那就更好了——大公无私吗！

但，就像先哲们说过的那样——真理向前跨进一步就会变成谬误。大公后面加了个"子"字，味道和意义就全都变了。

几年前，古装电视剧开始大行其道，势如潮涌，铺天盖地。中学生耳濡目染。晚上看了电视剧，第二天早晨就把戏里的台词和称谓搬到学校来。

详情不必细说，刘大公就是在这个时候被变成刘大公子的。

一年过去了，刘大公从高一升入了高二。别人的相关外号都是临时的，随着时间的推移，早已消失得无影无踪。只有刘大公子这个外号却如影随形地跟定了刘大公。久而久之，刘大公的耳朵也磨出了茧子，并没有发生什么不愉快的事。

倒霉的是，昨天数学课上，刘大公遭遇了"外星人"。

不光学生有外号，老师也有外号，"外星人"就是数学韩老师的外号。韩老师的老家在外地，虽说来京城也有好几年了，但说话还是带有浓重的家乡口音。他一开口，学生们便不由得想起某个喜剧小品演员的模样，因此便时不时地发出并无恶意的嬉笑。

韩老师人很朴实，又很认真。有时候甚至可以说很较真儿。

笑者无意，听者却觉得很难受。终于有一天。韩老师在一次全年级的师生大会上不无幽默地说："你们京城长大的学生见的世面多，最讲文明礼貌，普通话说得最好。我们'外星人'要向你们学习。但希望大家以后不要嘲笑我们'外星人'……"

韩老师的本意是要说"不要嘲笑我们外乡人"。但在他的发音中，"外乡人"和"外星人"是一模一样的。

同学们大笑。

韩老师不知道大家发笑的真正原因，居然又认真地补充道："就是呀，'外星（乡）人'也是人啊！"

大家又笑。

韩老师"外星人"的绰号因此得名——"外乡人"升级为"外星人"。"外星人也是人"也成了同学们经常引用的经典。

韩老师本来是不教刘大公这一班的。恰好教刘大公他们的数学老师因父亲有病请假，暂时由他来代课。

韩老师在黑板上写了道数学题，扔下粉笔大声说："请刘公子来做一下。"

教室里有人笑了。

刘大公愣了一下。尽管同学们经常叫他刘大公子或者刘公子。可是作为老师称他为刘公子这还是第一次，况且还是在课堂上。老师在某种意义上就是"领导"，就是"官方"，一言一行都要合乎规范。老师的言行就是学生无声的榜样。老师怎么能在正式的场合随便叫学生的外号呢！刘大公心中便生出几分抵触。教室里的笑声更说明了这可不是刘大公多事。同学们没有水平，随口乱叫。老师不能没有水平，也随便乱叫同学的外号啊！

刘大公的自尊心莫名其妙地陡然增长。殊不知，刘大公实在是误会了韩老师。韩老师不熟悉这个班，对这个班略知一二。楼道里、操场上可能听见过有人这样呼叫，他以为刘公子就是一个正式的名字，绝非一个同学的外号。

刘大公站起来："老师，我不叫刘公子！"

教室里突然安静下来，因为这样的举动对于刘大公来讲已经属于反常。在大家的心目里，逆来顺受倒是符合刘大公的性格。

刘大公做了一点儿小小的抗议，以捍卫自己的尊严。他本以为韩老师接下来就会问"你不叫刘公子，你叫什么？"这时他就可以平静地回答："我叫刘大公！"

没有想到，韩老师还真具有外星人的思维。他居然说："你不叫刘公子，你站起来干什么？"

刘大公一时无言以对。站着不是，坐下也不是。

班上那些"邪恶势力"的欢乐时刻来到了，有人开始起哄："老师，没错！他就是刘大公子，您叫他刘公子他不爱听……"说话的是尹东西——"邪恶势力"的首要分子。

韩老师的脸变得严肃起来。他误以为刘大公是故意捣乱。于是冷冷地说："你坐下，请别的同学来回答。"

一节课就在这窝窝囊囊的情绪中上下来，自始至终也没有给刘大公申诉的机会。下课的时候，刘大公走到韩老师的跟前。可惜，同学们围着韩老师问这问那，刘大公只好怏怏地回到座位上。

他走到好朋友易小强的跟前低声问："你说我刚才做得对吗？"

易小强抬起头："什么对不对？你说什么呢？"

"我和韩老师说我不叫刘公子……"说完了，刘大公就看着易小强的眼睛。他期望得到一个肯定的回答。

易小强却说："你有病啊？"

"我怎么有病了？"

"叫一下刘公子怎么了！用得着这样较真儿吗！"

刘大公一句话没说，转身走开了，他的心里很悲哀。之所以悲哀，是觉得自己一点儿自信也没有了。他也想自信，可是每当他自信的时候，事实都证明他自信的结果是错误的，他是没有资格自信的。你看，刚才他自信了一下，按照自己的选择做了一件事。结果怎么样？不但遭到老师的白眼，还被朋友说成是"有病"！

有将近半年的时间，不论大事小事，只要刘大公面临选择的时候，他就好像站在一个十字路口上。走哪条路似乎都对，可仔细一想，似乎又都不对。于是他矛盾万分、徘徊犹豫。每到这个时候，他就想找个人问一问。如果找不到别人，他的脑子里就总有两个小人儿在争吵。一个小人如果说走东边，另一个小人肯定就会说走西边……

不少时候，刘大公真觉得他选择道路的时间比他走路的时间还要长。他需要一个向导、需要一个裁判！

目前，易小强就是刘大公的向导，就是裁判。既然向导和裁判说他"走"错了。这对他的自信当然是个沉重的打击。

……

走到没人的地方，刘大公把揉成一团的声明小心地展开，又仔细地看了一遍，想从字里行间找出那个"犯罪嫌疑人"。直觉告诉他，声明这件事是尹东西干的。

尹东西虽然"邪恶"，但在班上却也有几个"虾兵蟹将"追随。大多数男生对他敬而远之。只有易小强虽然没有和他短兵相接、当面冲突，却每每软中带硬地对尹东西进行反击，也倒起了弹压其志的作用。这让尹东西在易小强面前也不敢太过猖狂。刘大公和易小强关系不错，尹东西的目光就瞄上了刘大公。

刘大公走进教室。易小强正在和别人聊天。刘大公走过去把声明放在易小强的桌子上小声说："你看。"

易小强看看声明，不但没有丝毫的保密意识，反而煞有介事地微微晃起脑袋大声说："不错，内容不错，文笔也不错。虽说是小题大做，但用心良苦——不错——"

"什么不错！你看这是谁写的？"刘大公着急地问。

易小强开始歪脑袋，他一装傻充愣的时候就歪脑袋："谁写的？什么意思？这上面明明写着你的名字。"

"不是我写的！是有人冒名顶替！"

"冒名顶替？"

"这是我从校门口布告栏的橱窗上撕下来的。"刘大公着急得有些结巴。

"有这事儿？"

"真的，我把橱窗玻璃给砸了。"

"砸玻璃？你敢砸玻璃……砸玻璃干什么？"

刘大公只得把刚才的情况详细说了一遍。

"明白了，不过……写的也没有什么错误呀！你那么着急干什么？也用不着砸玻璃啊！"

刘大公感到很压抑。常常是这样，他激动的时候，易小强说他沉不住气，他冷静的时候，易小强又说他没有男人的血气。弄得刘大公简直不知所措。现在，心里的一个支柱好像在坍塌——砸玻璃的举动似乎不但没有价值，而且变得很滑稽。

易小强是一个聪明而且非常有主意的人。在易小强的面前，刘大公简直就是个幼稚儿童。当然，易小强的智慧和自信也会遇到别人的挑战。每当这个时候，刘大公就理所当然地把信任票投给易小强。

有一次，刘大公和易小强在地铁车站遇到一个乞丐。那是个蓬头垢面的老妇人，样子好可怜！刘大公忍不住停下脚步往老妇人跟前的铁盒子里扔了五毛钱。刘大公的善举却遭到易小强的批评。

"你可真是个傻瓜，这些人不劳而获。其实他们一点儿也不穷，就装出这副赖样子……"

从此以后，刘大公再遇到这类乞丐的时候，虽然也发善心但不再给钱，以免再被人说成是傻瓜。可是有一次，刘大公和班上的宋晓萍参加完合唱团的活动又在地铁车站遇到一个老乞丐。宋晓萍居然给了人家一元钱。刘大公就把易小强教导他的话拿出来照说。宋晓萍义正词严地反驳说："照你那样怀疑，真正的穷人就永远得不到帮助了。富有同情心是每一个人应该具有的品德。至于他们是真乞丐还是假乞丐，那是他们自己的事情……"刘大公觉得也蛮有道理，与人家女孩子相比，自己反而显得境界很低了。

回来以后，刘大公又把宋晓萍的话对易小强照说。易小强撇撇嘴："她懂什么，古人说，勿以施小善而行大恶。"

刘大公不大听得懂易小强在说什么，只有干瞪眼的份儿。易小强说："这么说吧，你同情了骗子和坏人，表面上是做了点儿善事，实际上你是做了大大的坏事啊！"

易小强的爷爷是学者，难怪他出口成章，引经据典。在分不清易小强和宋晓萍谁的理论正确之前，刘大公听易小强的。

"你说这是谁写的？"刘大公问。

"让我好好想想。"易小强似乎并没有刘大公那样着急。

尹东西突然风风火火地从外面跑进来。看见刘大公，他放慢了脚步，晃着肩膀走过来："请问，哪位是刘大公子啊？"那模样和电视剧里的"狗腿子"毫无二致。

刘大公没搭茬，这家伙太卑鄙了，他是来观看他一手制造的"快乐"的。而他的快乐大多是建立在别人的痛苦之上的。

尹东西拍了一下刘大公的肩膀："你听见没有？叫你呢！"

"什么事儿？"刘大公没好气地说。

"校长让你马上到校长室问话！"

教室里的人都愣住了，校长找一个普通同学问话可是个稀罕事。

刘大公顿时紧张起来："校长找我！什么事儿？"看样子，尹东西不像是撒谎。

尹东西用手点着刘大公的鼻子："你现在是名人嘛，校长都要'接见'你了。"

刘大公走出教室，尹东西的坏笑从后面传了过来。

刘大公走上办公楼二楼，脚步渐渐变得沉重。在学校待了几年，他从来没有和校长说过一句话。现在校长突然找他……易小强说得对，"声明"算不了什么大错误，可砸玻璃的事情是个大问题。不过，今天的事儿有这么严重吗？可是不严重校长找他干吗呢？他真是倒霉透了，怎么这么激动？就这么沉不住气呢？

走到校长室门前的时候，他做了下深呼吸，摸摸口袋里的声明，硬着头皮喊报告。

门开了，校长站在门口。刘大公感到很奇怪：以前每次到老师的办公室门前喊报告的时候，里面总是回答：进来——

今天校长亲自来开门，刘大公很不习惯。

"你叫刘大公吗？"

刘大公点点头。把声明从口袋里掏出，预备在手里。

校长招呼刘大公坐在沙发上，又从饮水机里接了杯水递过来。刘大公几乎是从沙发上跳起来去接水杯。他有些不知所措，简直是受宠若惊了。那纸水杯似乎太软，只是用手一握，水马上就要溢出来。

校长是个不到 50 岁的男人，在刘大公的印象中他很高大也很威严。现在当他坐在椅子上对刘大公说话的时候，刘大公怎么都觉得他和站在台上讲话的那个校长不是同一个人。

刘大公有种腾云驾雾的感觉，刚才接过水的时候他应该说谢谢啊！怎么忘了呢？已经喝了一口，时机就不对了——他太紧张了！他有点儿控制不了自己。

"你喜欢唱歌吗？"校长问。

刘大公一愣，他怀疑听错了。怎么问起唱歌来了。

"不要紧张。"校长微笑了一下。接着又问了问刘大公父母在哪儿工作，家离学校远不远。

刘大公有些糊涂了，心里开始发毛。怎么还不提砸玻璃的事情呢？根据以往的经验，当一个同学犯了错误而且被老师掌握的时候，许多老师都采取这种欲擒故纵的办法——有话不直说，先微笑着，其实是冷笑着说些让你摸不着头脑的话。然后再突然转入正题，让你猝不及防，吓你一大跳。老师显得很厉害，学生往往是最难受的时候。

校长缓缓地开口了："刘大公，你看，有这么个事儿，咱们学校下个月要举办文艺节，希望能把你的表哥请到学校来和同学们见见面。"

"我表哥？"刘大公一时没有反应过来。

"对呀，你的表哥方笑！"

刘大公全都明白了，校长今天找他来根本不是为什么声明和砸玻璃的事，而是为了让他请歌手方笑到学校来。怪不得校长对他这样客气呢。刘大公心中不由暗暗叫苦。

方笑是当今著名的青年歌手，他既不染黄头发，也不穿肥裤腿，略显消瘦的脸上还戴着一副眼镜。班上的女生几乎每个人的本子里都有几张方笑的照片。多儒雅啊！女生称赞方笑经常是这样开头。男生虽然没有女生那样狂热，但说起方笑，几乎是异口同声：哇——巨酷——

刘大公的眼睛有些发直。

校长接着说："本来，请你表哥的事儿，学生会主席要找你谈，你们班主任要找你谈，我和他们说，请方笑的事情是大事！我要亲自和刘大公同学谈。"

刘大公的眼睛更直了。

"我们知道你的表哥特别忙，我们也知道他的每一分钟、每一小时都很宝贵，想请到他非常非常难——刘大公同学，为学校做点儿贡献吧。"校长的口气明显的带出恳求。

"你和他先说一声，如果同意了，我再亲自登门正式邀请——"

刘大公的妈妈有个妹妹，妹妹也有个儿子。也就是说，刘大公的确有个表哥，但可惜他不是方笑。刘大公既没有当歌手的表哥，也没有任何当歌手的亲戚。也就是说，他和方笑什么关系也没有。

"有什么困难吗？"校长的声音仿佛从天边传来，幽幽的，飘忽不定。

刘大公的脑子里一片空白。两个月前种下的谎言种子，曾经开过"美丽"的花。即便在那段时间，刘大公也没有"享受"过"歌手家属"的待遇。更没有觉得幸福，而是整日忐忑不安，生怕别人提起他的"表哥"。现在，那美丽的花结果了。这果实原来是一个即将引爆的"炸弹"！

校长摸摸刘大公的头："你的脸怎么这么白，是不是得病了？"

刘大公点点头又摇摇头："没事儿——"

校长说："你先回去，尽快给我个消息好不好？"

刘大公如获大赦般地走出校长的办公室，觉得手里、身上都是汗，腿上一点儿劲儿也没有。

第二章　谎言

人的主观想象中，在一个学校或者一个班级里，经常被人欺负的都是些弱小的、有生理缺陷的同学。其实不然，刘大公就是一个很正常的人。他身高一米七五，不胖不瘦。皮肤白皙、五官端正……非要说不足的话，他显得有些文弱，说话爱脸红。

刘大公独自一个人的时候，经常琢磨，尹东西这些人为什么就总和我过不去呢？不愿意与他们为伍，这是正常的呀，大家兴趣不一样，少接触就行了。不是物以类聚，人以群分吗？就说文弱和脸红，可这碍他们什么事了！是不是因为和易小强好，他们看着有气，不敢跟易小强斗，就拿自己出气呢。在这个世界上，可能有些人天生就喜欢欺负好欺负的人。没有欺负的对象，他们会找一个。没有刘大公，他们也会找一个刘小公来欺负。我好欺负吗？每每想到此处，刘大公就激愤难平。男孩子的血气也燃烧得他不能自已，他也想和他们斗，可他豁不出去。他们耍混、他们耍无赖、他们心黑、他们整天琢磨着怎么拿别人开心。

刘大公能这样吗？先不用说动手打架，刘大公能写一个声明贴在布告栏里吗？就说刘大公的表哥是歌手的这件事也纯粹是他们给逼出来的！

两个月前的一天，易小强对刘大公说："知道吗？方笑搬到咱们小区这块儿来住了。"

"住在哪儿？"刘大公也觉得这是一条令人兴奋的好新闻。

"新新花园里。"

"那不是就和咱们隔着两个楼吗！"

"对呀！这回咱们可以镇镇尹东西那帮小子们了。"

"什么意思？"刘大公没明白易小强在说什么。

"你想啊！尹东西他爸爸是演出公司的，时不时地拿些乱七八糟的演出票在班上显摆，一会儿说这个演员是他爸爸的朋友，一会儿说那个歌星是他爸爸的哥们儿。现在好了。"

"可是，方笑和咱们有什么关系啊？"刘大公还是没有明白。

易小强摸摸刘大公的脑袋："你脑子没有问题吧？"

刘大公本能地拨了一下易小强的手："有话说话，不要动脑袋。"他心里明白，他跟不上易小强的思路。

一天以后，刘大公和易小强多了一个良好的"习惯"——晚饭之后在新新花园门口的林荫道上散步。晚饭后出来散步大多是成年人，其中以老头老太居多。像刘大公和易小强这么年轻的还真是少见。坚持到第四天的头上，终于遇到了方笑也出来散步。其实，与其说散步，不如说他送客人走得远了点。

虽说住在同一个地区，可新新花园是名人和富人住的地方，有长满常春藤的铁栅围着，里面绿荫如盖。与刘大公和易小强住的普通的楼房不可同日而语的。他们只是有资格与方笑走在同一条林荫道上。

"快看，方笑！"易小强拍了一下刘大公的肩膀。

刘大公定睛看去："挺普通的啊！"

那天天气很热，路边的一排国槐树上还有蝉的鸣叫。方笑穿一件没有领的黑色 T 恤，下面穿一条花格的肥大短裤，脚上居然是拖鞋。他的身边有两个朋友，都是男的。一个西装革履，头发锃亮，中年胖子，可能是他的经纪人；另一个披肩长发，还挽了一个发髻，像个搞艺术的。

易小强拉着刘大公快步上前。距离还有十米左右的地方，易小强放慢脚步。眼见方笑的两个朋友钻进了路边的汽车，方笑转身走了回来。走了两步，他突然跳起去摸头上方的槐树叶。落地的时候手里还真捏了一片。

刘大公和易小强与方笑相遇了。易小强热情而又很有分寸地对方笑点点头："方笑你好，我们都很佩服你，也特别喜欢你。"

方笑见多识广，在路上被人认出来是经常的事情，也点点头微笑着说："你们好，谢谢！"

"我们就是旁边大华街中学的，我叫易小强，他叫刘大公。"

方笑点点头。

稍事停留，易小强拉着刘大公与方笑擦肩而过。刘大公不由得回头看着方笑的背影。刚才易小强和方笑说话的时候，他处于一种呆滞的状态，好像在做梦。嘴不能说话，腿脚不能动弹。歌星好像有一个光环，所有被照在光环里的人都变得没有任何自主的能力。现在离开了，他恢复了常态。他不能不佩服易小强，但他不满足。好不容易见到一次歌星，光问一个好，岂不辜负了四天的等待？

"你怎么不和他多聊一会儿？"刘大公喃喃地说，"你是不是也紧张？"刘大公希望易小强也和他一样，否则易小强可真成了人精了。

"我可不像你那样怵窝子，但我们也不能让人讨厌，你懂吗？"

"歌星也是人，他们也要过正常人的生活。在舞台上他们享受观众的掌声和鲜花，被大家簇拥着签名照相。可是回到家里如果还是满耳朵的掌声、欢呼和追逐，他们肯定受不了。歌星喜欢热闹，歌星也喜欢安静。当他渴望掌声的时候受到冷遇，他不高兴；当他希望得到安静的时候，你去打扰他，他肯定会烦……"易小强解释说。

从此以后，方笑走出家门的时候经常会遇到两个可爱而又很懂礼貌的男生尾随着和他聊上两句。他们很懂事，歌星有朋友在一起的时候，他们会知趣地离开。偶尔让方笑给签个字，方笑也会欣然答应。班上有三分之一的同学都沾过光。

消息渐渐在班上传开——易小强和刘大公与方笑很熟。

那几天，尹东西猖狂的气势也的确收敛了不少。

本来如果就这样长此以往也是挺正常的事情。不料，易小强又让"真理向前跨进了一步"。不过，公平地说，他向前跨进的这一步纯粹是迫不得已——让尹东西给逼的。

有一天，尹东西在班上公开"挤兑"刘大公，也"扫"着易小强。

说到刘大公，尹东西毫无顾忌："咱们班上最可怜的就是刘大公，家长没有什么本事，自己也没有什么本事。就会给别人当跟屁虫……"

说这话的时候，刘大公和易小强都在场，可见尹东西之猖狂。他说的跟屁虫，不知道说刘大公是方笑的跟屁虫还是易小强的跟屁虫。不论说谁，这话都够让人愤怒的了。

还没有等刘大公愤怒，易小强先愤怒了。易小强的愤怒和常人不太一样：他能微笑着说出愤怒的内容。现在，他微笑了，歪着头开始对着窗户说话，好像是在自言自语："如果因为谦虚就被人说成没有本事，那么喜欢吹牛的人岂不都成了英雄模范了。世界上好像没有这样的道理……"

尹东西一怔，他是这样一种人。他们见着弱小的人心里就有气，不经常嘲笑一下、不经常欺负一下似乎对不起別人也平衡不了自己。用京城的土语说就是"见着怂人拢不住火"。"挤兑"刘大公这样的人，简直就是家常便饭。他之所以敢欺负刘大公也是因为他知道刘大公不敢把自己怎么样。没有想到"半路杀出个程咬金"。

尹东西虽然不怵易小强，但他不能不把易小强放在眼里，他冷笑着说："刘大公倒是想吹牛，你问他们家有牛吗？"

"他们家有没有牛我不知道。但我知道方笑是他的表哥。方笑比牛值钱吧……"易小强也冷笑着。

"哪个方笑？"

"当然是唱歌的方笑！"

尹东西愣了，教室里的同学愣了，刘大公也愣了。

刘大公还没有愚蠢到当场反驳易小强的程度，但心中暗暗吃惊——易小强怎么能这样说啊！

尹东西将信将疑地说："吹牛吧？"

"你爱信不信。"易小强摆出无所谓的样子。

"方笑有什么了不起！"尹东西已经没有了底气。

"刘大公进方笑家是串亲戚，你连方笑家的门朝哪边开都不知道……"易小强没有放松进攻。

同学们哗地一下围了上来，他们好像第一次见到刘大公。

"真的？你怎么不早说？"

刘大公尴尬地微笑着，这时，不管怎么笑都是对的。

易小强还在继续扩大自己的"战果":"我告诉你们啊!"说到这里,易小强故意停顿了一下问刘大公:"说了吧?"

刘大公根本不知道易小强接下来要说什么,但他信任易小强,于是没有表态。易小强征求意见好像就是个形式。他接着说:"方笑的真名叫孙方笑。他爸爸姓孙,妈妈姓方。刘大公的妈妈也姓方,她的姐姐也就是方笑的妈妈。也就是说,刘大公的妈妈是方笑的亲姨……"

他这样一说方笑的家史,大家仅有的一点儿怀疑也烟消云散了。

放了学,刘大公把易小强拉到操场上问:"你怎么能这样啊?"

"我开始也不想这样,你没看尹东西那个狂样吗?他那么踩低你,你受得了吗?"

"那也不能撒谎呀?"

"这有什么?我告诉你,我还怕他们不信呢,相信了,就是胜利!你不但不应该怪我,你还应当感谢我呢。"

"什么?还要感谢你?"

易小强叹了口气,显出非常知心的样子:"刘大公,我告诉你,你知道你为什么老受窝囊气吗?你关键就是不会动脑子!"

刘大公无言以对:"你说,不会出什么事吧?"

易小强笑了:"出什么事?会出什么事?我们又没有做什么坏事。你也太胆小了!"

从那天以后，刘大公每次出入学校就会发现远处有人对他指指点点。他知道，那是在议论他和方笑的关系。刘大公偶尔听见几句，其中最多的一句话就是——你还甭说，长得还真有点儿像。

方笑是刘大公的表哥这件事并没有给刘大公带来什么实质性的好处。实质性的坏处倒是真真切切地出现了。

回到教室，刘大公被大家围了起来。尹东西也嬉皮笑脸地探过头来："怎么样，校长和你说什么？"

刘大公摇摇头不说话。

尹东西把嘴一撇："别问了，刘公子"遇难"了。刘公子涨行市了！敢砸学校的玻璃。多大胆子！自作自受吧。"

"根本没提玻璃的事儿！"刘大公实在忍不住了。

"你蒙谁呢？"说着话，尹东西大声喊起来："带刘公子上堂——"

大家觉得无聊，也没有什么笑声响应。

"校长找你干什么？透露我们一点儿。看你的脸色不像什么好事？"几个热心的家伙还在追问。

刘大公无言以对。

大家散去以后，易小强走到刘大公跟前小声问："到底什么事儿？"

上课铃响了。

"下课再说。"

"是不是砸玻璃的事儿？"

"不是——"

"那是什么事儿？"

"一下子说不清……"

整个一节课，刘大公心神不定，他心里比易小强要急得多。他要尽快找易小强会谈。

好不容易熬到下了课，刘大公看了一眼易小强。心照不宣，两个人来到锅炉房后面的角落里。刘大公飞快地将校长找他的经过叙述了一遍。

"你打算怎么办？"易小强看着刘大公的眼睛。

"就是不知道怎么办，才找你商量的。"

易小强拍着脑袋想了一会儿说："我想好了，你去找方笑，求他到学校来参加文艺节。"

"他怎么可能来呢！肯定不同意。"

"你怎么知道他不同意呀！我告诉你，事在人为！许多事情看着犯难，但大胆地去干，说不定就能成功！我跟你说，当年我爸爸跟我妈妈谈恋爱的时候，他们正在上大学。我妈条件特好，我姥爷是大学教授，我妈人又长得特别好看。许多男生喜欢他，但没人敢开口。我爸爸当年是个穷学生，人长得也一般，既不是体育明星也不是文艺明星。论条件他根本配不上我妈。可他就是胆儿大，他就找我妈表示了。你猜怎么着……就成了……"易小强绘声绘色。

"你爸妈谈恋爱，你在旁边？站着还是坐着？"

"不跟你开玩笑，我说的是这个道理。"

"要不你去……"刘大公还是心虚。

"你去，他是你表哥，不是我表哥呀！你去，这也是锻炼你办事能力的一次机会呀！"

刘大公抬起眼皮瞥了一眼易小强，心想：都是你让我倒的霉。危险来临了，你怎么光让我一个人往前冲啊！话到嘴边却怎么也说不出口。

"什么关系也没有，就叫一个大歌星到一个中学参加文艺节。这不是天方夜谭吗？"刘大公说。

"大歌星到中学怎么了？我爸说他们上中学那会儿，国家领导人还经常到学校来给孩子开家长会呢，歌星有什么了不起，到一个中学来怎么委屈他了？"易小强说着说着甚至莫名其妙地义愤起来。

刘大公觉得易小强说话开始不着边际。于是打断他："要是万一不来呢？"

"不来，就跟校长说他实在有事来不了。"

"那还不如现在就说呢！"

易小强的小脸绷了起来："我说刘大公！您真是刘大公子呀！您真是刘大少爷呀！衣来伸手饭来张口呀！没有天上掉馅饼的好事，你自己不努力，靠谁呢？"

刘大公不说话了，他不想说话了。

上课铃响了，两个人都阴沉着脸回到教室。

易小强最后的这段话刺痛了刘大公。这段话虽说不无道理，但它就像一根针挑开了一个伤疤。他觉得心脏就像被压上了个东西，不能像平时那样自由地跳动。

说到父母，刘大公有种羞于向人提起的感觉。爸爸是报纸的投递员，但他不是邮局的，他只为一家报社送报，只送一张报纸。那张报纸要求送报入户，爸爸就要楼上楼下地跑。虽说那报纸非常受欢迎，但爸爸不是编辑也不是记者。人们问起他爸爸在哪儿工作，刘大公就说在报社工作，人家问，是记者？刘大公就说，不是，做行政工作……妈妈在一家出版社当校对，工作很累，也很单一。也不知道为什么，妈妈回家就没有好脸，总好像在单位受了多大的委屈。

初三的时候，刘大公拿着一本"心灵鸡汤"给妈妈说："妈，你解解闷，换个角度看生活，生活就会有光彩。"妈妈说："你算了吧，妈妈白天看了一天的清样，脑袋都大了，晚上还要看书！你把学习搞好了，考上个名牌大学比什么都强。"刘大公问妈妈，你每天看那么多书，一定学了好多好多知识吧。妈妈苦笑说："跟你说，我左手拿着原稿，右手拿着清样，不但要看清样和原稿一样不一样，还要看有没有错别字，哪还顾得上书里的内容呀！也就是看个大概吧。"

刘大公家的生活有些清苦。不用说别的，单说电脑。别人家早就升级换代，不知有多高级了，而刘大公用的还是当年舅舅淘汰下来的，既不能上网，也不能看光盘，就连听歌也听不了的那么一个号称是电脑的"打字机"。

第三章　夜游

课间操的时候，刘大公来到教务处，拿着那份声明向老师说明了砸玻璃的经过。

"贴声明是不对的，当然我把玻璃毁坏也是不对的，我赔玻璃。但我也希望学校能查出贴声明的人。主要责任在他。"刘大公力求平和地说。

教务处的女老师冷静地说："你可真行，居然砸玻璃。你们家玻璃上有块脏东西，你就把玻璃砸了吗？"

刘大公不敢顶撞，易小强说过，真理一般是掌握在老师手里。

老师教育完了，语气也缓和下来："行了，知道错误就行了，交钱吧！"

下午放学的时候，刘大公看着布告栏的玻璃已经安好了，稍稍安了心。

回家以后，刘大公早早吃了晚饭就走出家门在新新花园大门前面的林荫道上来回溜达，希望方笑出现在大门口……一个小时过去了，方笑连个影子也没有。他经常开的那辆吉普车也没有出现。他不会去外地吧？

易小强出现了，很快与刘大公会合了。他不说话，只是默默地随着。刘大公还是感到了朋友的温暖。

又一个小时过去了，方笑依然杳无音信。刘大公和易小强回了家，还有那么多功课要做。

当天夜里，刘大公做了个梦：

方笑来到他们家，好像是做客，刘大公有些受宠若惊。他急忙给方笑倒茶。拿起一个玻璃杯，不料那杯子是碎的，也没全碎，只是杯底的玻璃上裂出了许多斑驳的碎纹。刘大公赶忙又换了一个，不料，那杯子依然是裂的，不过是裂在杯口上。刘大公回头的时候，方笑已经不见了。刘大公问妈妈。妈妈说："我知道他是谁呀？"刘大公到了河边，许多人在嚷嚷，好像是方笑落水了。刘大公想都不想就跳下水，在里面寻找方笑。所有的人突然在岸边笑起来。刘大公回头一看，方笑就站在岸边，连衣服都没有湿。刘大公情急之下想大声喊："你怎么能这样？"心里非常难受，因为那声音连他自己都听不清……

刘大公醒了，只觉得头疼得厉害。

……

第二天，刘大公又去等了一个晚上，还是没有什么结果。

"当时要是跟他要个电话号码就好了。"易小强说。

"跟他要，他也不一定给咱们。"

刘大公走到门卫跟前问："请问，看见方笑回来了吗？"

门卫冷着脸说："不知道。"

“你知道他住在几楼几号吗？”

“不知道。”

“我能进去一下吗？我有急事找他。”

“打电话。”

“我不知道号码。”

“连电话都不知道，更不可以了。”

等到第三天早晨，方笑还是没有露面。校长让班主任问了一下刘大公"请表哥"的进度。刘大公心里火烧火燎的。易小强给刘大公出主意，让他给方笑写封信。写上"新新花园方笑"收，八成能收到。

刘大公马上就写了信，还特意留下了家里的电话号码，投到"黄帽子"信筒里。这样，当天就可以收到。

又是三天过去了，没有任何回答。刘大公开始考虑怎么对校长说了。是说病了，还是说在外地没有回来？可是万一校长下次有个什么节日再找他怎么办？如果实话实说，说他根本没有这个表哥，可以一了百了。

“你怎么能有这样的想法！要是这样，你在学校永远也抬不起头来。连我也会跟着你受连累！”易小强声色俱厉地说。

刘大公不想"找死"，也不想连累易小强。请方笑的事情像块大石头重重地压在刘大公的心头。

吃晚饭的时候，家里的电话铃响了。刘大公先是一惊，接着就跑了过去。

　　电话是易小强打来的，说有重要的事情要和刘大公谈，并约好十分钟以后在林荫道上见。一定是有方笑的消息了。刘大公急忙把饭吃完，几乎是飞跑着来到易小强的跟前。

　　易小强不无揶揄地问："你小子最近可是越来越成熟了。"

　　"什么意思？"刘大公根本摸不着头脑。

　　"我问你，那份声明到底是谁写的？"

　　"什么声明？"

　　"别装傻了，你装傻都装不像。"

　　"是不是贴在布告栏里的声明？"

　　"还有什么声明！当然是了。"

　　"我不是告诉过你我不知道吗？那天我还问你……"

　　"你真的不知道？"

　　"真的不知道。你快告诉我是谁贴的？"

　　"这就怪了，难道是宋大爷看花了眼？"易小强紧紧盯着刘大公的眼睛，希望从里面找出一丝一毫的破绽。

　　"到底是怎么回事？和宋大爷有什么关系？"

　　"我问你，你一定要说实话。那份声明是不是你自己写的，自己贴上去的？"

　　"什么？我写的？我还自己贴上去的？你做梦呢！"

　　易小强不说话了。他思考片刻说："这么说，是个谣言了。我也觉得不太可能。好！没有事了。"

　　"你没事了，我还有事呢。谁说是我贴上去的？"

"宋大爷说，那天清晨大约6点多钟，天还有点儿黑，他看见你从学校里走出来。他还问你这么早到学校来干什么。你没有理他。他也没在意，就看着你出去了……我问你，那天你到学校干什么来了？"

刘大公吃惊地瞪大眼睛："我到学校干吗来了！我根本没有到学校来，他一定是看错人了。对了，说不定那个人就是贴声明的人。"

易小强点点头说："有道理。"

刘大公回到家里，闷闷不乐。

爸爸问他干什么去了，他没有好气地说："哎呀，就一刻钟也得问，我又没有做坏事儿。"

"没有做坏事就不许问了？你翅膀还没有长硬呢，连问都不许问了，真是的！"妈妈在一旁开始唠叨。

"我去跟易小强问了道数学题行了吧。"说着，刘大公走进了自己的小房间。

妈妈说："你就是耗子扛枪窝里横！"

刘大公心里有些烦，安不下心做功课。于是拉开抽屉，看着里面的小物件，胡乱摆弄起来。

他看见了一把小钥匙。这是一把小锁的钥匙，原来是锁行李箱用的。那是个正正方方的黄铜锁，拿在手里还有些分量。钥匙一直是和锁在一起的。现在，光有钥匙，锁到哪儿去了？刘大公在抽屉里翻了起来。翻遍了抽屉的所有角落，都没有见到那把锁。刘大公在那里发呆，一种怅然若失的感觉涌上心头。突然，他好像想起了什么。刘大公打开电脑，这台电脑基本上只有打字功能，因此他也不常使用，前几天就是给方笑写信也是手写的。

打开文档，显示屏最下面的一个目录让刘大公呆住了！那里赫然写着：重要声明。

刘大公再打开，那篇让刘大公愤怒地砸了玻璃的声明居然全文呈现在他的面前。

刘大公惊呆了。他绝不怀疑这是爸爸妈妈写的。这不可能！他们不但从来不动他的电脑，他们也根本不知道学校发生过的事情，他们更不会到学校去张贴这张声明。

易小强刚才说的话真可能事出有因。此时刘大公已处于惶恐而又不知所措的状态。他一刻也没有停留，径直来到学校。

学校大门已经关了，只有小门还开着。刘大公走进去，看门的宋大爷正在看电视。

"宋大爷，看电视呢？"刘大公招呼着。

宋大爷抬起头："又到学校干吗来了？"

刘大公心中一沉："没事儿，随便遛遛。"

"静校以后，不能到学校里来，知道吗？"宋大爷继续看电视。

刘大公又问："上个星期一早晨，您是看见我从学校出来吗？"

"从学校出来的学生多了，你到底要说什么事儿？"宋大爷有些不耐烦。

"那天早晨挺早挺早的，6点多钟，您看见我从学校出来？"

宋大爷转过身来，看看刘大公："我说刘大公，你自己从学校里出来，你自己不知道，来问我干什么？"

"我问您是不是看见我出来，我想要人证明一下。"

"证明什么？"宋大爷警惕起来。

"我妈非说我没有到学校。"刘大公撒了个谎。

宋大爷松了口气："看见了，我还问你到学校干什么，你也没理我。"

"您不会看错人吧？"

"学校是不是丢了什么东西？"宋大爷又怀疑起来。

"没有没有……"刘大公急忙说，他决定不再问，再问就复杂了。"宋大爷，我去看一下布告栏就出来。我看什么时候开始报名。"

刘大公走到布告栏前，目光盯着挂锁的位置，锁已经没有了。

刘大公回到家，愣愣地看着电脑。如果"声明"的事真是他自己干的，他怎么一点儿也不知道呢？怎么写的？怎么打印的？怎么走出家门，怎么进了学校的门？怎么回来的？一点儿记忆也没有。除非这一切都是在梦中完成的。

一个可怕的近于荒诞和滑稽的字眼出现了——夜游！他叫着自己的名字："刘大公，你好可怜呀！本来以为找方笑是最头疼的事，没有想到还有比这严重几百倍的事情。怎么办呢？不能告诉父母，也不能告诉易小强，好像根本不能告诉别人，因为这不是伤风感冒啊……"

快到两点的时候，他迷迷糊糊地睡着了。

睡得晚醒得却很早，醒了就怎么也睡不着了。刘大公躺在床上看看对面墙上的钟，还不到六点。他听见爸爸起床的声音。他每天都走得很早，今天算晚的。爸爸真是很辛苦。刘大公就这样好不容易熬到六点半，这才穿衣洗漱，背上书包走出家门。

"这么早就走？"妈妈问。

"学校有点儿事。"

"吃东西了没有？"

"我不饿。"

妈妈急忙跑到厨房抓了一个馒头和一杯豆浆追到门口，塞到刘大公的手上。

平时都是在家里吃了再走，似乎是习惯了。今天妈妈把吃的给他带着，刘大公突然感到，馒头是松软的，豆浆是热乎乎的。

刘大公本想回去吃完了再走，但已经走出来就不好再回去了。他突然意识到，这么早出来干什么呢？老师和同学都还没有来，找谁也找不到。找校长吗？找到他说什么呢？

刘大公突然感到一阵眩晕，是没有睡好，还是低血糖，他急忙喝了一口豆浆。

刘大公安慰自己，这是个临时的现象，过一段就好了。

这一天就在恍惚的情绪中度过了。

放学走出校门的时候，刘大公突然愣住了。看着眼前急匆匆赶路的行人，他突然问自己：我现在要干什么？我要去哪儿？想了半天，他才想起了，他应该回家，对！是该回家了。可是他的家怎么走啊？

刘大公呆呆地站在那里，脑子里一片空白。从他的家到学校的路，他整整走了五年。从学校到家的路，他也整整走了五年，现在怎么好像从来没有走过一样，怎么一点儿印象也没有呢？不知道家怎么走，家里的地址呢？家里的电话号码呢？他开始从周边的印象想起。他模模糊糊地想起了一个地址。那是个孤零零的地址，没有任何形象的东西依托，是个楼房吗？什么颜色的？周围还有什么标志和参照物？都想不起来。地址好像是对的，但是怎么就想不起来怎么走呢？

发生了什么事？这是怎么了？刘大公惊恐万分！

镇静！镇静！刘大公小声地鼓励自己，尽管眼睛里急出了泪水。

刘大公走到一个过路的中年人跟前："叔叔，花园路北路15号怎么走？"

中年人摇摇头："我不是本地人，我也不认识。"

刘大公失望地看着对方。他自己还不如个外地人。外地人尽管此地没有家，但他一定知道自己的家怎么走。

他又问一个中年妇女。那女人告诉他，朝东走，到了第二个十字路口朝北走，看见一个大超市，就不远了，到时再打听一下。

刘大公忐忑不安地朝东走去，默默地叨念着：第二个十字路口再朝北走……

走到第二个十字路口的时候，他想起了小时候的一件事。大约六七岁吧，妈妈让他去买一盒橡皮膏，他怕忘记，就一路叨念，碰到一个老大爷。老大爷问："大公，干什么去？"

"买橡皮膏，买橡皮膏……"既是叨念，也是回答。

走了不远，刘大公摔了个跟斗，爬起来的时候，他突然忘记了去干什么，于是转过身来，走到老大爷的身边："老爷爷，我买什么来着？"

老大爷笑了："你不是要买橡皮膏吗？这孩子！"

越是怕忘记的事情就越容易忘记，可能是太紧张了吧。

此时此刻，刘大公突然清醒了，回家的路一下子涌入脑海，回家的路还用找吗？

刘大公觉得身上汗津津的。他安慰自己，这是暂时的，一切都会好起来的。

第四章　游戏

刘大公万万没有想到，第二天放学的时候，旧景重现：

想回家，但不知道该往哪里走。

刘大公万般无奈，瞒着别人，来到了一个心理医生的面前。

刘大公说了他最近放学的时候不知道家怎么走的"病情"。

医生歪起脖子，瞪大眼睛，似乎刘大公的病状很奇怪。

"有家庭暴力吗？"

刘大公一愣："什么家庭暴力？"

"爸爸妈妈动手打过你吗？"

"没有——"

"他们互相打架吗？"

刘大公摇摇头。

"你觉得家里温暖吗？"

"还可以。"

"以前有没有不想回家的想法或者离家出走的想法？"

"从来没有。"

"最近有什么压力吗？比如学习、同学关系和老师的关系？"

刘大公想了一下，把校长让他请歌星方笑到学校来参加文艺节和自己如何为难的事情和盘托出。同时也坦白了方笑根本不是自己表哥的事情。

医生点点头："为什么不和校长说方笑病了，或者方笑没有时间？"

刘大公不说话。

医生说："这不是说谎，这是处理为难事情的办法。"

刘大公眼里露出疑惑的目光。

"如果说说谎，你在默认方笑是你表哥的时候你就是说谎了，你在校长让你请你的表哥来学校而你没有否认的时候，你已经在说谎了……"

刘大公觉得医生说得也有道理。

医生接着说："这件事情重重地压在你的心上，你别无选择，只有两条路。你如果不愿意说方笑有病或者没有时间，你就老老实实告诉校长你根本没有能力请到方笑。你的'病因'就是举棋不定。甘蔗没有两头甜……"

走出诊室，刘大公觉得他应该换一个医生。这个医生的水平跟易小强差不多。幸亏刚才医生告诉他，病不重，可能是青春期的暂时现象。否则的话，那医生不过就是个穿了白大褂的易小强。

刚刚回到家，电话就响了，易小强在电话那一头说："你知道了吗？"口气充满欢欣。

"知道什么？"

"你看报纸了吗？"

"什么事？"

"你真的不知道？方笑撞车住院了！"

"真的吗？"刘大公不由一惊。

"千真万确，报纸上登的。"

很奇怪，一阵轻松涌上全身。刘大公知道这种情绪是不道德的。

"怎么不说话？"易小强大声喊着。

"我听你说呢。伤得重吗？"

"不太重，这下好了，你没事了。"

"怎么没事了？"刘大公明知故问。

"这次不是你说他有事，他真的出事了。校长肯定知道了，你再也用不着费劲了……"

医生指出的两条路之外居然又出现了一条谁也没有见过的路。没有人见过，连想都没有想过……

一个小小的难题又出现在刘大公的面前：要不要去和校长说一下这个大家都已经知道的情况？说一下吧，有始有终。他把这个想法和易小强说了，易小强肯定地说："当然要说！"

放下电话，刘大公想，事情解决了，还要不要看医生呢？如果明天放学还找不着家，他就看医生，如果没事了，就算了！

这天夜里，刘大公睡得很香，这几天他都没有睡好。可惜从早晨起来，一个疑问就涌进了脑海：今天放学的时候会怎么样呢？刘大公极力让自己放松。可是这个疑问只要一出现在脑子里，他就不由得紧张起来。

课间操的时候，他找到校长，说了方笑撞车不能到学校来的事情。校长还真的不知道方笑发生了车祸，很吃惊！

接下来就关心地问："怎么样啊？重不重啊？"

刘大公只好含糊地说还不大清楚。校长反过来安慰刘大公，这让刘大公心里很不是滋味。

下午放学的时候，刘大公特意帮助别人做值日，又在操场遛了一圈。看看比平时晚了一个小时，这才紧张地走出校门。

不料，当他刚刚想到要回家的时候，那种莫名其妙的痛苦感觉又出现了，他又找不到回家的路了……

刘大公再一次坐到医生的对面。

"问题不是解决了吗？"医生问。

刘大公点点头。

"你没有感到轻松一些吗？"

"不知道……"

"你还感到有什么压力吗？"

"不知道……"

"你把你感到不舒服、不愉快的事情都和我说，倾诉出来就好了。"

"没有什么不愉快的……想不起来……"

"来，你靠在沙发上。"医生说。

刘大公走到窗前，顺从地斜靠在一个宽大的单人沙发上，柔和的阳光洒在他的身上。

"你配合我一下好吗？"医生说。

"配合什么？"

"闭上眼睛，我说到什么，你就顺着我说的想，好吗？"

刘大公点点头，闭上眼睛。突然又睁开问："是搞催眠吗？"

"你不要管叫什么，照我说的做，照我说的想。"

刘大公安静了。

"这是一个下雾的早晨，你走出家门，雾茫茫的一片，伸手不见五指……但是那雾很轻，很柔和，它环绕在你的周围，想和你靠拢，想和你亲近，你也觉得很温暖。于是你的身体就变得很轻盈，似乎没有了重量……"

房间里很安静。

医生小声问："刘大公，你睡着了吗？"

没有回答。

医生提高了声音："刘大公，你难过吗？"

"难过……"刘大公脸上出现了难过的表情。

"告诉我，为什么难过？"

"这不是游戏！"刘大公痛苦地说。

"告诉我，发生了什么事情？什么游戏？在哪儿？都有谁？"

"在海边，在南戴河，有易小强……还有宋晓平，都是好同学。吃午饭之前他们都挺好的。"

"后来呢？"

"吃过午饭，我发现他们都变了。"

"怎么变了？"

"我们一群人走在海边上，我和易小强说话，他好像没有听见，反而去和李森说话。我大声说：'易小强我和你说话呢，你怎么不理我？'易小强不但不理我，反而走到前面去了。我想，我什么地方得罪了他呢？"

"后来呢？"

"后来，我就问宋晓平，易小强怎么啦？没有想到宋晓平也好像没有听到我说话，她招呼另外一个女同学说：'你看，那条小船上有个海螺……'我很奇怪，我这是怎么了？我犯了什么错误？我又去问李森——李森是我们班上最老实的人，'李森，你是第一次来海边吗？'没有想到，李森也没有搭理我。整个人群都是有说有笑的，就是没有人理我。"刘大公的眼睛里有泪花在闪烁。

"他们是在和你开玩笑。"

"不——不是开玩笑！你要是尝尝那个滋味儿你就知道了。"

"一会儿就好了。"

"不，他们整整一个小时都是这个样子。我知道他们在搞恶作剧，可我受不了。我一个人回到住宿的地方，我以为一会儿就会有人来找我。可是没有，我整整等了一个小时。我躺在床上，直到我听见门响。"

"谁来了？"

"易小强和李森笑着走进来，我听见易小强高兴地说：

'李森，我告诉你，你的泳裤有问题，都露出来了。'李森就傻乎乎地说：'在水里谁看得见？'"

"他们和你说什么？"

"什么也没有说，直到他们洗完了澡，易小强才走到我身边说：'刘大公，你可真行，那么好的天不去游泳，却在这里睡大觉。'"

有泪水从刘大公的眼角流出来。

"后来呢？"医生问。

刘大公不再说话。

……

刘大公醒了过来。

"你还是有难过的事情。"

"我刚才睡着了？"

"可以说是准睡着了吧。"

"我说梦话了吗？"

"不是梦话，是实话……你好像和易小强他们一起去过南戴河。"

"你怎么知道？"

"你刚才说的。"

刘大公有些惶恐，不知道"梦里"还说些什么。

医生让刘大公把南戴河的故事再叙述一遍，刘大公说："就是玩呗。"

"他们集体恶作剧一起不理你，你详细说说这件事。"

刘大公笑笑："开个玩笑呗！有什么好说的。"

"你后来调查这个玩笑是谁发起的？"

"易小强。"

"你恨他吗？"

"伤心……"

"你后来就这样过去了吗？"

"整个一个晚上我也不理他们，不和他们说话。可是我的心里更难受。"

"他们知道你难受吗？"

"有知道的，有不知道的。"

在医生的要求下，刘大公又把这件事详细地回忆了一遍。最后，医生对他说："回去和易小强再说一遍，让他为这个恶作剧给你道歉。"

"有这么重要吗？不就是个玩笑吗？他要是不道歉呢？"

"不道歉也没有关系，你说出来就好了。"

"他们会不会说我小心眼儿？一个玩笑，一个游戏还记这么清楚。"

医生摇摇头："不——你是个敏感的人，这是个残忍的游戏，尤其对你来说。它存在在你的潜意识里，你不认为这是个游戏！"

刘大公一脸疑惑。

刘大公走出医院大门的时候，听见有人在叫他的名字。回头一看，竟然是"外星人"韩老师。

"韩老师，您也来看病呀？"刘大公招呼说。

韩老师摇摇头："我是特意来找你的。"

"找我？"刘大公很惊讶。

韩老师点点头说："那天我误会了你，对不起，我上课的时候叫你的外号……"

刘大公心中一阵感动。

韩老师接着说："后来，布告栏里贴了声明，听说你还砸了玻璃，校长还找了你，我心里挺难受的……"

"您怎么知道我在这儿？"

"给你看病的医生是我的中学同学。"

刘大公吃惊地瞪大眼睛。

韩老师点点头，"这一切都是我引起的。"他不由得用手去抚摸刘大公的头，"你是个老实的学生，你是个认真的学生。"

"我不想做老实的学生，也不想做认真的学生。"刘大公突然说。

"为什么？你怎么啦？"韩老师有些奇怪。

"太累了——"刘大公喃喃地说。

韩老师摇摇头："不！你说得不对，老实人，认真的人走的路是比较艰难，但他是我们国家和人类的希望，他是支撑一个社会的脊梁。"

刘大公心中一动。

"我就是因为认真和老实才倒霉的。"刘大公说。

"不对。你痛苦，你倒霉并不是因为你认真，并不是因为你想当老实人。而是因为你总在认真和不认真之间犹豫，总在当老实人和不老实的人之间犹豫……"

刘大公心中又是一动。

刘大公一个人走在回家的路上。他一直在担心突然脑子发生什么问题，找不到回家的路。还好，一切正常。

黄昏了，落日的余晖又把世界照得金灿灿的。这和放学的时间差不多。还好，家住的楼房，周围的景物，回家的路在刘大公的脑子里都明镜似的清楚。

这么简单的治疗管用吗？今天没有问题，明天呢？明天放学的时候，不知道是不是能找到回家的路……

但是，他现在心里是轻松的。他得赶快回家，他饿了。

在楼梯拐角

一

星期天早晨，楠楠哼着歌儿从楼梯上跑下来。他就要骑着妈妈的那辆"小飞鸽"去颐和园啦！你知道，跟妈妈借车多不容易呀！她总是说，坐车去不是挺好吗？干吗非要骑车？又累，又危险。妈妈哪儿知道，骑车去颐和园，那是什么滋味！只要闭上眼睛想一想，再不用挤那永远像凤尾鱼罐头似的 332 路汽车，而是迎着柔和的风儿，顺着京密引水渠碧绿的河水，在公路上和小伙伴们一起，像鸟儿一样自由自在地滑行，对楠楠来说，这简直就像过节一样啊！

在楼梯拐角的地方，楠楠看见了妈妈那辆"小飞鸽"。它和另外几辆车子很难受地挤在楼道那块小小的空间里。

突然，楠楠发现"小飞鸽"有些异样，似乎不像平日那么精神。跳下楼梯一看，才发现两个车胎全都瘪了。楠楠心中一跳，哎呀！幸亏家里还有个打气筒。可是，等到楠楠蹲下身子仔细看时，他万万没有想到车子的气门芯，包括固定气门芯的螺丝，全都给人拔掉了。楠楠睁大眼睛，在楼道的四周寻找，可惜，除了一张糖纸和几个瓜子皮之外，什么都没有。

楠楠觉得有一股凉气从腰间往上冲，一直撞到脑门。他简直要大喊大叫起来。他跑出楼门口，想抓住那个坏蛋和他干一架。可是，周围静悄悄的，只有大街上偶尔传来汽车的隆隆声。

楠楠家住的是一栋新楼房。从这里到修车的铺子，如果是步行，半小时怕还不够用呢！楠楠不由得走进另外一个楼门。楠楠的心里着急呀！他的眼睛无目的地四处张望着。突然，他的目光停在了一辆"老飞鸽"的身上。不知为什么，一个奇怪的念头在他心中浮起来。他望着那个有些破旧的"老飞鸽"的气门芯，心想，反正我没有偷，就算是坏蛋一开始拔的就是"老飞鸽"上的气门芯。楠楠这样想了之后，刚才愤怒的心情不知飘到哪儿去了，不过心跳却加快了。他向四处看看，飞快地拔下"老飞鸽"的气门芯，然后又拧在"小飞鸽"的身上……一切顺利……一直到楠楠像兔子一样把车子骑到京密引水渠的马路上，这才长长地出了一口气。他发现自己的手心里全是汗水。

河水不像他想象的那样碧绿，而是灰蒙蒙的。楠楠知道这就是常识老师在课堂上说的"工业污染"，河旁的树枝也不是翠绿翠绿的。怎么搞的，秋天还没有正式到来，有些树叶就已经黄了，掉了。直到同学们和他说话时，楠楠才发现自己有点儿魂不守舍……

盼望已久的颐和园之行结束了。带去的一个面包还剩下一半。楠楠心里空荡荡的。回家的路上，他的车子蹬得飞快。周围那些玩得筋疲力尽的同学都有些吃惊。为什么？楠楠自己也说不清楚。

那辆"老飞鸽"也不知怎么样了。人们可能在围着它大声议论着，咒骂着那个拔气门芯的坏蛋——当然，这不是指楠楠。因为楠楠什么坏事也没有做，也没占别人什么便宜，只是没有吃亏而已。楠楠又想，说不定"老飞鸽"的气门芯早就换好了，已经被它的主人骑走了。如果这样，楠楠的心里就踏实多了，这是楠楠最希望的。

楠楠推着车慢慢地向前走。路过"老飞鸽"那个楼门的时候，楠楠装作漫不经心地朝楼道里望了一眼。他多么希望那辆"老飞鸽"已经不在了呀！可是，和早晨时的情景一样——"老飞鸽"依然斜靠在墙上，那装气门芯的地方仍然是光秃秃的。楠楠心中一紧，连忙转过脸向自己家的楼门走去。

二

楠楠玩得太累了。第二天早晨，一直到妈妈喊他，他才睁开眼睛。刚刚坐起来，他好像突然想起了什么事情，急忙跳下床，顾不上洗脸刷牙，趿着鞋就跑出门口。在三层和四层楼梯的拐角，他停住了。这里有一扇窗户，从这里可以看见楼下大家停放自行车的楼道。"老飞鸽"已经走了吧？一定走了，星期一上班的人总是走得很早的。

楠楠把鼻子贴在窗户的玻璃上向下看去，第一眼看见的就是"老飞鸽"。

楠楠失望地走回来。吃了早饭，该上学了，楠楠经过那个楼梯拐角的时候，突然，看见一个胖叔叔把钥匙伸进了"老飞鸽"的锁眼儿。楠楠的心猛地缩了一下。

胖叔叔蹲在地上，重复着昨天早晨楠楠的经历。他低着头在地上摸呀，找呀。然后，胖叔叔回转身子，眼光落在了其他的自行车上。这会儿，楠楠多希望胖叔叔也像他昨天一样，把别人的气门芯拔下来呀！如果这样，楠楠的心里就踏实多了。可是，他看见胖叔叔只是把别的车子搬了一下，然后推着自己的"老飞鸽"出了楼道。胖叔叔抬起头毫无目的地朝楼房的窗户扫了一眼。楠楠看见了一张焦急的面孔和一双使他永远忘不了的失望的眼睛。

这一天，楠楠第一次迟到了。

三

吃过晚饭，楠楠估计那辆"老飞鸽"已经回来了。他不由自主地走下楼梯，想去见见它。

"老飞鸽"不在。楠楠心想，胖叔叔还没有回来。楠楠不知不觉地走上楼梯，在一个楼梯拐角的窗前停下来，他想看见胖叔叔骑着车子回来。

楠楠刚刚把脸贴在窗户上，就听见背后传来急促的喘息声。他回过头，只见胖叔叔正扛着他的"老飞鸽"一步一步地走上楼梯。胖叔叔走得好慢啊！终于，沉重的喘息声过去了。终于，沉重的脚步声过去了。可是，就在这一瞬间，楠楠觉得胖叔叔和他的"老飞鸽"的分量一下子都压在了自己的身上。楠楠再也忍不住了，飞快地跑下楼梯，向远处的修车铺子跑去。

"阿姨，两个气门芯外加螺丝一共多少钱？"

"一共两毛四分钱，小朋友，车子呢？我帮你安上！"那位阿姨和蔼地说。

楠楠没顾上答话，飞快地跑回家。他拿出自己攒的五角钱，然后写了一张纸条：

叔叔，您的气门芯是我拔的，我知道错了，请您原谅我。两角是气门芯钱，剩下的是我赔您的，我也不知道算什么钱。

这楼里的一个小孩

当大家都睡下的时候，楠楠把钱用纸条包好，拿着手电筒悄悄来到楼上，在五层楼的一个门口，他高兴地发现了那辆"老飞鸽"。楠楠把纸包轻轻夹在了车子的书包架上。

第二天早晨，楠楠又来到了三层和四层之间的楼梯拐角，站在窗子前面，焦急地等着。

胖叔叔终于出现了。他推着车子走出楼道，然后停下来，向整个大楼望去，像是在寻找什么。楠楠看见了叔叔那充满希望的眼睛。然后，胖叔叔把车子支好，转身又走回楼道。

楠楠跑下楼梯，胖叔叔已经不见了。楼道的窗台上放着一个小纸包，上面压着一块石子。他拿起纸包打开，只见里面还是五角钱，包钱的纸变了，上面说：

谢谢你，孩子，我去上班了。当我看见你的纸条时，不知道为什么，我掉下了眼泪。这五角钱你留着。

谢谢啦！你的纸条我将永远保留在身边。

你的大朋友

楠楠看着纸条，觉得心里有一股溪水开始流动起来，暖融融的。

纽 扣

窄小的屋子里只放得下一张桌子。妈妈要备课。南南是一年级小学生，也要做功课。爸爸只好到厨房去看书。别人家就不这样。

莉莉家里有钢琴，有大彩电。小丹家也挺阔气，贴着墙一溜大组合柜，米黄色的，闪闪发光，像镜子一样可以照出人影。可是，南南家就不行。南南的爸爸妈妈都是小学教师，工资不多，日子总是紧巴巴的。那次发了工资，南南和爸爸妈妈一起去百货商店。妈妈要给爸爸买一件春秋时候穿的外衣。柜台前，妈妈正在打听衣服的价钱，不知什么时候，爸爸手里拿着一条裙子走到妈妈面前。

那是一条藕荷色的西服裙，不但样式新，做工细，料子也高级。要知道，藕荷色是妈妈最喜欢的颜色呀！

妈妈的眼睛一下子亮了。她拿着裙子在身上比着，还到镜子前照了好一会儿。南南觉得妈妈一下子变得年轻了。可是问过价钱之后，她不好意思地把裙子还给了售货员。

"买吧！我的外衣先不买！"爸爸说。

妈妈咬着嘴唇想了一会儿说："裙子的样式我记住了，

将来有机会买块料子头，我自己做！能省好几十块钱呢！再说都快冬天了，也穿不着。"

过了好几个月，冬天都来了，妈妈的料子头还没买上……

"睡吧，南南。"妈妈说。

"不！我要再玩一会儿。"南南说。

"乖孩子，你明天还要上学，睡吧！"妈妈替南南把被子拉开。

"妈妈也睡，妈妈明天还要上班。"

妈妈笑了，她的眼角现出几丝浅浅的皱纹。

南南睡着了，她在妈妈那温暖而又柔软的手指的抚摩下睡着了……

"南南，起来撒尿。"

南南迷迷糊糊地爬起来，朦胧中，她看见桌子上摆着她那件镶花边儿的呢子外套。那是妈妈在秋天的时候就给南南做好了的。当时，因为找不到合适的纽扣，所以暂时放在柜子里。

"妈妈，你找到扣子了吗？"南南揉着眼睛走到桌子旁边。

妈妈好像吓了一跳，连忙用手臂挡住了桌上的什么东西："快睡吧，南南听话。"

南南睡不着。她好奇怪，可又不敢说话，只能眯起眼睛偷偷地看。

过了一会儿，妈妈以为南南睡着了，她把桌上的衣服掀起来。南南看见了五个银光闪闪的硬币，那是五分钱一个的。妈妈把它们一个个地排在桌上，然后比着钱的大小剪了五小块泡沫塑料，又从抽屉里拿出小花布片片把钱和泡沫塑料一个个地包好、缝上，做成了五个漂亮的大包扣。当妈妈把"纽扣"缝在外套上的时候，哎呀！外套上就像长出了五只明亮的大眼睛，尤其是缀在扣上的那圈小红边……南南从来没有见过这么漂亮的纽扣。可是，妈妈为什么不让南南看呢，用手挡着干吗？南南挺不高兴。可是，待了一会儿，她又偷偷地笑了。嘻嘻，妈妈想瞒着她，可是没瞒住……南南还要想什么，被窝里的暖和气儿把她要想的事儿都给融化了。

第二天早晨，当南南走进教室的时候，一群小姑娘呼地一下围过来："哟！南南……"小姑娘们的眼睛都直了。

"南南，买的还是做的？"莉莉最先开口。她的鼻子几乎贴在南南的外套上。

南南心里好得意呀！她故意不动声色地把书包从肩膀上取下来，慢慢地放进课桌。然后用小手拽了拽衣服的下摆，笑眯眯地说："你们猜！"

老师来了。她也像小孩子似的瞪大了眼睛，甚至蹲下身子，用手轻轻地摸着南南的"纽扣"："是妈妈做的吗？"

南南点点头。

老师站起身，笑着问大家："南南的衣服好看吗？"

"好看——"小姑娘们一起说。

"不好看！臭美。"一个男孩子突然说。

南南难过极了，她差点想哭出来。老师微笑着摇摇头："南南不是臭美。我希望大家都能像鲜花儿一样漂亮。当然，如果我们主动向妈妈要好衣服穿，不给买就哭，那就不对了。是吗？"

"是！"孩子们一齐回答。

老师又说："南南的纽扣这么漂亮，这是妈妈劳动的结果。过两天，我教你们做包扣。"

"好哇！"孩子们高兴地拍起手来。

南南笑了，心想，除了妈妈谁也做不出这样又圆又硬的大包扣。嘿！谁也不知道包扣里面是什么……不过，一定要告诉老师。当然，现在先不用说……因为心里有个秘密，南南可高兴啦。

中午放学的时候，南南路过一个卖冰棍的车子。她看见了小豆冰棍，很想吃一根。冰凉冰凉的带着甜味儿的小豆冰棍很好吃呢！

可是妈妈说过，一入冬季，冰棍是绝不可以吃的。因为贪凉是要得病的，而且南南肾虚。南南不懂得什么叫……肾虚"。反正，妈妈经常用隔壁毛毛尿床的例子来告诫南南，说毛毛之所以尿床就是冬天总吃冰棍的缘故。

南南转过脸去，不让自己再看到冰棍车。她一面慢慢向前走一面安慰自己：冬天的小豆冰棍要冰牙，味道也绝不会像夏天的那么好。

　　一个星期过去了，老师还没有带领大家做包扣。漂亮的呢子外套已经不像刚穿的时候那样新鲜了。小姑娘们也不再每天都要摸摸那鲜艳的"纽扣"了。可是，卖冰棍的车子仍然那样吸引人。每天中午总有许多孩子围着它。这一天，当南南又从冰棍车子旁边艰难地离开时，她的脑子里产生了一个"伟大"的计划。

　　下午上自习的时候，她用小刀小心翼翼地割断了第三个包扣的线。不一会儿，她的手里已经握着一枚亮闪闪的硬币，另一只手里拿着那片轻得像张纸似的小花布。

　　南南用"纽扣"换了一支小豆冰棍。好甜呀！可是不一会儿，冰棍吃完了，什么都没有了。"纽扣"没有了，冰棍也没有了。南南后悔了！她有点害怕……

　　回家的路上，南南拐了个弯，来到姥姥家。

　　"姥姥，扣子坏了。回家妈妈要说我的。"南南手里拿着那片小花布。不知为什么，自己先哭了起来。

　　姥姥一边安慰她，一边找到一张硬纸壳。比着扣子的大小剪了几个圆片片，又给南南缝了上去。南南笑了，她用手摸摸刚缝上去的"纽扣"，虽然觉得软绵绵的，不过从远处根本看不出来。南南决心不再用纽扣换冰棍了。

　　可是，不知是因为南南嘴馋，还是冰棍太好吃，每当中午放学，她就觉得冰棍车在向她招手，顿时嗓子里就渴得像伸出只小手。就这样，南南又吃了一颗"纽扣"。还像上次一样，南南想，下次决不能再吃了。

南南还算有点决心，不是每天吃一根。

一个星期过去了。南南一共吃了四颗"纽扣"。最后，只剩下最下面的那颗是真的了。姥姥每次为南南缝扣子的时候，总是不住地埋怨："你妈妈光图好看，扣子钉得这么松！"

星期六的晚上，妈妈带着南南去西单商场买东西。走到商店里，许多阿姨向南南投来好奇的目光。有的阿姨还蹲下来问："小姑娘，你这衣服是哪儿买的？"南南抬起头看看妈妈。

每到这个时候，妈妈总是装作无所谓的样子，昂起头，脸上露出一丝丝只有南南才能觉察到的微笑。南南知道，这是妈妈最得意的时候。

妈妈在卖布的地方停留的时间总是最长。她不但眼睛好使，手也最灵。不论什么样的布料，她只要用手轻轻一摸，就能知道是什么质地。突然，妈妈的眼睛亮了。南南看见妈妈手里拿着一块藕荷色的料子。南南记得，上次爸爸要给妈妈买的裙子就是这种颜色。

一个阿姨走过来，妈妈看看手里的料子问售货员："还有吗？"

"没有啦！这是料子头，就这一块儿。"

"您要吗？"那位阿姨很客气地问妈妈。

妈妈连忙说："当然要啦！"说着，她就在自己身上比量起来。南南拍着手跳起来："真好看,真好看!"她知道,这种料子妈妈买了好长时间都没有买到。而且,听说料子头都是很便宜的。

妈妈笑着拿出钱包:"同志,多少钱?"

"六块五毛钱。"售货员用纸把料子包了起来。

妈妈不知为什么着急起来。她把钱包里的钱都倒出来。几个硬币从柜台上滚下来。南南急忙捡起来交给妈妈。妈妈翻遍了衣兜,还差两毛钱。南南真替妈妈着急呀!

旁边的那位阿姨拿出两毛钱递给妈妈说:"您拿着用吧!"

妈妈感激地点点头,又把两毛钱送了回去说:"谢谢,让我再找找……"

这时,妈妈好像突然想起了什么。她转过身望着南南,望着南南的衣服,最后她的目光停在了南南的纽扣上。南南心里顿时明白了。她觉得身上有点儿冷。售货员和那位阿姨都奇怪地望着妈妈。南南的脸色骤然变得紧张起来。

妈妈也愣了一下,忽然笑了,她笑得那么和蔼,那么慈祥。一瞬间,南南好像忘记了将要发生的事情。

妈妈把包好的衣料还给那位阿姨,说了声"谢谢",就领着南南离开了柜台。她抱着南南的脸蛋亲了亲说:"南南,怎么啦?"

"不知道……"南南哭了。她觉得她的妈妈是世界上最好的妈妈……

出了商店的大厅，妈妈要给南南买一块巧克力糖。南南说："妈妈，把这两毛钱给我，明天我自己买，行吗？"

妈妈笑着说："好吧，不过千万不要买冰棍，记住啦？"

南南点点头，现在她的心里可踏实了。

（注：南南小时候的物价和现在不一样，五分钱可以买一支很好的冰棍，当时一个大学毕业生的月工资是五十多元钱。）

彩　虹

一场大雨过后，天空中飘着许许多多晶莹透明的小水滴。它们实在太小了，太轻了，在空气中忽忽悠悠的，就像一块薄纱在飘动。

小水滴们望着落到地面上的大水滴，羡慕极了。你看，那落到荷花叶上的水滴，就像一滴水银在绿翡（fěi）翠盘子里滑来滑去；那挂在树叶上的水滴，仿佛是一颗颗闪闪发亮的珍珠。"他们让山青了，水绿了，花红了，小苗挺起了腰杆。可是，我们一点儿用处也没有……"想到这儿，空中的小水滴们不由得叹了口气。

"干吗不高兴？"空中传来一个和蔼（ǎi）的声音。

小水滴们一齐抬起头，看见太阳公公在笑眯眯地看着它们。

"让我们一起把天空打扮一下，好吗？"太阳公公问。

"我们一起？"小水滴们好奇地看着太阳公公。

"当然！注意啦！小水滴们排好队，精神点儿！"太阳公公发出号令。

小水滴们很快地排好队，太阳公公发出了耀（yào）

眼的白光。天空中传来一阵女孩子们说笑的声音。

"谁在说话？"小水滴们问。

"这是我的七个女儿！"太阳公公说。

"我们怎么看不见它们呢？"

"它们走在一起的时候，谁也看不见，那白光就是它们的身影！"太阳公公笑着说。

白光飞快地从小水滴们的身上穿过去，小水滴们觉得痒痒的，忍不住咯咯地笑了起来。

"快回头！"太阳公公说。

小水滴们一齐回过头。啊！多漂亮啊！天空中出现了：红、橙、黄、绿、青、蓝、紫，七种美丽的颜色。

"这就是您的七个女儿吗？"小水滴们问。

"是啊！"

"不是说看不见吗？"

"可现在，你们无数的小水滴把它们分开啦！"

这时，小水滴们听见地面上的人群在欢呼："看！彩虹！多美啊！"

摄影师伟伟

第一集　会上树的小猪

大熊猫伟伟拍了好多好多电影，都成了电影明星啦！

有一天，伟伟扛着拍电影的机器来到树林里，要给小动物们拍拍电影。

刚一走进树林，伟伟迎面碰上了小猪胖胖。胖胖一见伟伟就哭了。

"怎么啦，胖胖？"伟伟问。

"大灰狼……总欺负我，他常常追着咬我……"胖胖一边哭一边说。

"这个坏蛋！"伟伟气愤地说。

"我要能像电影里的那些人，一跳就跳上很高很高的树就好了。"

伟伟歪着大脑袋想了一会儿说："我给你拍一部电影，你也能一下子跳上树。这样，大灰狼就再也不会追你了。"

"我怎么能跳上树呢？"胖胖问。

"能！"伟伟肯定地说。

伟伟请来长颈鹿大叔，他请长颈鹿把胖胖叼到树杈上去。

胖胖蹲在树杈上看着地面，头有点儿发晕。

伟伟说："等会儿你跳到地上时说'狗尾巴草，狗尾巴草，上树！'就行了！"胖胖点点头。

"好了吗？"

"好了！"

"预备——开始！"伟伟喊，同时摄影机咔咔咔地响了起来。

胖胖鼓起勇气，闭上眼睛向下一跳。他落在柔软的草地上，翻了个跟头，然后上气不接下气地说："狗尾巴草，狗尾巴草，上树！"

"好啦！"伟伟把电影胶片洗好了，装到放映机里。

"还没有拍上树呢！"胖胖说。

"你就等着看吧。"伟伟说。

到了晚上，天黑了，树林里许许多多的动物都集中在林中的空地上，来看伟伟拍的电影。大灰狼躲在一棵树后边偷偷地看。

伟伟大声宣布："这部电影的名字叫《会上树的小猪》！"

"哈哈哈……"动物们都笑了起来。谁都知道，小猪是不会上树的。

电影开始了，银幕上出现了小猪胖胖。只见胖胖一扭一扭地退到一棵大树下面说:"狗尾巴草,狗尾巴草,上树!"说着,他突然翻了个跟头,然后,使劲一跳。哟!好高好高呀!胖胖居然跳到了树杈上。

"呀——"动物们一齐叫起来,"真棒呀!小猪简直成了跳高冠军啦!"

这下,胖胖可糊涂了。拍电影的时候,他明明是从树上跳下来的,现在怎么会从地上跳到树上呢?

伟伟悄悄地对小猪说:"这很简单。拍电影的时候,是你跳下来,可现在我把胶片倒着放映出来,你不就跳上去了吗?"

小猪问:"这么说,电影里的那些人能一下蹦到好高好高的屋顶上,也是假的了?"

"当然是假的了!电影就是这样拍的。"

小猪开心地笑了。

躲在树后的大灰狼更奇怪了。本来,在看电影前,他还想咬小猪一口。可现在,小猪居然能上树,他只好咽了一口唾沫,灰溜溜地走了。

第二集　会隐身术的小兔子

大灰狼看过电影后,就不再去追小猪了。因为他想:追也白追。追到有树的地方,小猪一下子就能跳上去。于是他就去欺侮小兔子。

小兔子哭着来找伟伟:"伟伟,大灰狼总欺侮我,你也教我上树吧！"

伟伟笑了，悄悄把小猪拍电影的过程告诉了小兔子。

小兔子说："那你也给我拍一次吧！"

伟伟说："不行！大灰狼会起疑心的！"

"那怎么办呢？"

"有办法！我要拍一部会隐身术的小兔子的电影！"

"隐身术？就是一下子变没了，是吗？"

"对！"伟伟说，"等一会儿，你站在树底下翻个跟头说'喇叭花，喇叭花，变！'"

伟伟打开摄影机说："预备——开始！"

小兔子在树底下翻了个跟头说："喇叭花，喇叭花，变！"

"停！"伟伟关了摄影机。

"拍好了吗？"

"没有，现在你躲到大树后边去！"

小兔子跳到树后藏了起来。

伟伟又打开了摄影机。小兔子没有了，只有一棵大树。伟伟把胶片洗好了，然后装到放映机里面去。

到了晚上，动物们又来看电影，今天晚上几乎所有的动物都来了。大灰狼又躲在树后边。

电影开始了，大家看见小兔子正在大树下玩。突然，小兔子翻了个跟头说："喇叭花，喇叭花，变！"咦！小兔子不见了，只有大树静静地站在那儿。

动物们一齐惊叫起来。

小兔子是个聪明的小家伙，他走到伟伟跟前小声说："电影里那些神仙突然一下子变没了，也是这样拍的吗？"

伟伟点点头。

躲在树后的大灰狼这回更糊涂了，这是怎么回事呢？小猪能上树，小兔子又会隐身术。他想啊想啊，突然，他想起来了。他记得刚才小兔子隐身之前先翻了个跟头，然后又说："喇叭花，喇叭花，变！"

大灰狼得意地笑了。

他跑到伟伟跟前说："这有什么难的！我也会！"

说着，他使劲翻了个跟头，砰的一声，头撞在树上，肿起了个大包。他顾不上疼，忙闭上眼睛说："喇叭花，喇叭花，变！"

然后，大灰狼睁开眼睛说："怎么样，你们看不见我了吧！"

动物们大笑着说："你就在这儿，大嘴巴，大尾巴，样子好吓人啊！"

大灰狼脸红了，而且感觉头上的包更疼了！

"呸！"他吐了口唾沫，又去想坏主意了。

第三集　小狐狸露馅儿了

大灰狼看过电影，看见小猪会上树，小兔子会隐身术，心里很生气，一边走着，一边喘着粗气。这时，他看见小狐狸正在跑步。

"站住！"大灰狼大叫一声。

小狐狸吓了一跳，赶快站住："干什么？"

"你瞎跑什么？"

"明天要开运动会，我练习练习！"

"有什么好练习的，谁追得上你！"大灰狼没好气地说。

"明天，小兔子、小花狗都要参加比赛，他们都比我跑得快。"

大灰狼眼珠一转说："过来，我告诉你一个好办法，保证你能得第一！"

小狐狸走到大灰狼跟前，大灰狼把嘴凑到小狐狸耳朵边说了好一阵子。

小狐狸高兴得跳起来，他不再练习跑步，而是回家睡觉去了。

第二天，运动会开始了。熊猫伟伟也扛着摄影机来到运动场，他要拍一部关于动物运动会的影片。

枪声响了，小兔子、小花狗、小狐狸一齐冲了出去。跑呀，跑呀，开始时小狐狸跑在最前边。可是过了一会儿，小兔子就超过他了。可不知为什么，小兔子一下子摔倒了。

比赛场上只剩下小狐狸和小花狗了。过了一会儿，小花狗眼看就要超过小狐狸了。突然，小花狗也摔了个跟头。等小花狗爬起来的时候，小狐狸早已到达终点了。

小花狗和小兔子一起喊起来："小狐狸刚才用脚绊我们。

小狐狸却叫起来："没有！没有！就没有！"

小花狗和小兔子说："没羞，没羞，为了得第一就绊我们，没羞！"

小狐狸说："你们才没羞，看见别人得第一，你们就生气。"

这让颁发奖章的小熊为难了，他不知道这个奖章该不该给小狐狸，因为他也没看清楚。

大灰狼却得意地笑起来，他说："谁看见小狐狸绊人了，你说绊了，我说没绊，说不清楚。小狐狸得第一，奖章就要给小狐狸！"

这时伟伟扛着摄影机走过来，不慌不忙地说："我们看看电影就清楚了。"

电影开始了。大家看见小狐狸、小花狗和小兔子一起在跑道上慢慢地跑着，他们的动作看得清清楚楚。

"怎么回事，他们怎么跑得这么慢呀？"小动物们议论起来。

安静一会儿后，动物们又开始议论，而且声音越来越大，因为荧幕上的小狐狸正慢慢地把脚伸到小兔子的脚下。

"小狐狸犯规，小狐狸犯规！"大家叫着，小狐狸不好意思地低下头。

伟伟说："我平常拍电影时，每秒钟拍二十四张胶片，放映的时候每秒钟也放二十四张，所以你跑得多快，在电影里看到的也是多快。今天，我每秒钟拍四十八张胶片，可是放映的时候，还是每秒钟放二十四张胶片，这样，你们看到画面上跑步的动作就慢多了，可是却看得更清楚了。"

小狐狸羞愧地哭了起来。

伟伟问："小狐狸不要哭，告诉我是谁给你出的坏主意？"

"大灰狼教给我的……我自己也不对……"小狐狸哭着说，"我再也不作弊了。"

伟伟对大灰狼说："大灰狼，你为什么总做坏事？"

大灰狼说："你要是让我也能上树，让我也会隐身术，我就保证不做坏事啦！"

伟伟想了一下说："好吧！明天我们试一试。"

第四集　大灰狼变成了瘸腿狼

伟伟说话算数。第二天，他真的来给大灰狼拍电影了。

他让大灰狼站到山坡上往下跳，又让大灰狼在树下翻跟头。他照着给小猪和小兔子拍电影的方法给大灰狼拍了一遍。但是，其中的秘密他没有告诉大灰狼。

大灰狼说："骗人！我既不会上树，也不会隐身术。"

伟伟说："别着急，到了晚上你就会了。"

天黑了，等动物们都来了，电影才开始。

大灰狼看见自己站在坡上翻了个跟头说："狗尾巴草，狗尾巴草，上山！"

呼的一下，大灰狼轻轻地落到了小山坡顶上。

大灰狼高兴地叫了起来，忽然他又看见自己站在一棵树下，又翻了个跟头说："喇叭花，喇叭花，变！"

忽然，大灰狼不见了。大灰狼高兴地说："太棒了，我又能跳高，又会隐身术！我比小猪、小兔子都棒。"

小动物们都不高兴了，大灰狼有了这样的本领，他又该欺侮别人了。

伟伟对大灰狼说："你要是做坏事，自己也会吃亏的！"

大灰狼说："不会的，不会的！"可是心里却想：我好多天都没有尝到鸡的滋味了。趁着天黑，他悄悄地走出树林，来到了村子里。

大灰狼来到一个鸡窝前，抓了一只鸡就跑。鸡咯咯咯地叫起来，人们拿着棍子追了出来。可大灰狼不怕，他跑到一棵大树前，翻了个跟头说："狗尾巴草，狗尾巴草，上树！"

说着就往树上跳。可还没跳到树的一半高，他就掉在了地上。于是，他的身上就重重地挨了一棍子。

这时，一个猎人拿着枪向他瞄准。大灰狼使劲喊："喇叭花，喇叭花，变！"他心想：这回，猎人再也看不见我了。

枪响了，大灰狼的腿上挨了一颗子弹。

大灰狼这才发现他的本领不灵了，只好丢下鸡，一瘸一拐地拼命逃走了。

没偷成鸡，大灰狼却成了瘸子。可是，他怎么也搞不明白，这到底是怎么回事呢？

理查三世①

一

我也学着老教师的样子——倒背着双手，迈着稳健的步子，不慌不忙地从黑板的左边踱到黑板的右边，偶尔干咳一声。虽然两个月前，我还是个活蹦乱跳的小姑娘。

我的心"怦怦"乱跳。我不但是头一回当老师，更是头一回当班主任。眼前的四十二个学生就是我的"兵"。我就是他们的"司令"。不过，这些"兵"能不能听指挥，那就要看我的"军事才能"了。

"哗啦"一声，我把粉笔盒碰到了地上。那是我拿教具的时候太紧张的缘故。我觉得脸有些发烫，连忙蹲在地上捡粉笔。这会儿，仿佛真的产生了第六感。有人轻轻地咳嗽了一声。我也好像看见了背后的学生正在作怪的样子。

刘慎扭过身子喊起来："喂，理查三世，老师叫你！"
我愣了一下："你叫他什么？"

①编者注：本文原名《镜子》。

"理查三世……噢！这是外号。"刘慎看见我疑问的神色，刚想说什么，宋春利已经无精打采地走过来。刘慎使了个我看不懂的眼色，抱起教具走了。

我把宋春利带到办公室，先表扬了他，然后又问他知道不知道怪话是谁说的。他一言不发，脚尖在地上划来划去。

沉默了好一会儿，任凭我怎么动员，他就是不说话。我忽然想起了他的外号。这外号起得怪呀！理查三世是英国历史上有名的暴君，他以狡猾和阴险闻名于世，难道宋春利会是这样一个同学吗……不会！再说，这也不符合学生们起外号的规律。于是，我忍不住好奇地问："他们为什么叫你理查三世呢？"

宋春利忽然抬起头，脸唰地的一下子红了。那一瞬间我发现他的目光黯淡下来，然后低下头，脚尖也不再划地了。

坐在我旁边的张老师今天不知道怎么了，只是一个劲地咳嗽。我偶尔抬起头，才发现他正在目不转睛地盯着我，一个劲地摇头。我立刻明白了，于是赶紧对宋春利说了几句鼓励的话，放他走了。

宋春利刚刚走出门，张老师就指着我说："哎呀，你……"

突然，我的眼前出现了一个学生，他蹲在那儿正把滚到讲台下面的一根红粉笔掏出来。我那紧张的心顿时放松了。一股暖融融的感觉流遍了全身。

这是个小个子男生，平头，圆脸，好像是营养不良，脸上有一种病态的颜色。他回去了，坐在靠墙一排的头一个。

"真会拍！"一个像蚊子一样的声音忽忽悠悠地飘过来。血一下子涌上了我的头顶。我腾地站起来大声问："谁说的？"

教室里静悄悄的，没有人说话，也没有人回头，仿佛刚才谁也没说过那句话。一瞬间，我真有点儿怀疑我是不是听错了。

下课了，班长来帮我拿教具。他叫刘慎，是个热情洋溢的小家伙。我上任之前，他来找过我好几回。大扫除、搬桌椅他出过不少力。因为还没有课代表，他主动帮我拿东西。

"刚才那句话是谁说的？"我问。

"我没听见。"他摇摇头。

"刚才帮我捡粉笔的同学叫什么？"

"他呀！"刘慎显出不屑的神色，"他叫宋春利。"

"你叫他到办公室来一下。"

原来，宋春利的大哥有过偷窃行为，二哥也有过。大哥如果算一世，二哥算二世，轮到宋春利是老三，所以叫三世。

"他也偷吗？"我有些惊愕了。

"听说上小学的时候，他用镊子夹过人家信箱里的信！"

"干什么？"

"撕邮票呗！有的信里说不定还夹着钱呢。"

"为什么叫理查三世呢？"

"偷东西总要把手往人家口袋里插，懂吗？所以叫理（里）查（插）三世。"张老师边比画边说。

"你怎么能当面问他……唉！"

我追悔莫及，都怨自己年轻。今天的第一节课真倒霉……我当面揭人家的"短儿"，说怪话的那个坏家伙又找不着。唉！看来"司令"没当上，先要当"侦察科长"了。

二

放学的时候，班长刘慎突然跑进办公室。他看看周围没有人，于是十分诡秘地说："老师，您知道说怪话的是谁吗？"

"谁？"我十分兴奋。

"您可千万别说是我告诉您的！"

我点点头："你快说吧！"

"是范冲说的！"

"范冲？就是那个文体委员？"我立刻想起坐在靠墙那排的最后一个男生，留着分头，两腮很瘦，颧骨很高。我记得听课的时候，他脸上毫无表情，当别的同学笑起来的时候，就更显出他的冷漠。他的存在使我心里顿时蒙上了一层阴影。

"没错，就是他！上学期您还没来，他是班长。后来因为抽烟，老师给他把班长撤了。团也没入成。"

"怎么还让他当干部？"我问。

"您不知道，他在班上特别有势力，男生们都怕他。要是把他一撤到底，班上非乱了不可！"

我觉得有一股凉气直往头上撞。此时此刻，什么教育学、心理学一股脑儿全都忘了。我大声喊："你去把范冲给我叫来！"

刘慎显出十分为难的样子。

"你怎么还不去呀？"

刘慎站在那儿没有动，好一会儿，他才小声地说："您这样不就把我给卖了吗？"

听见这话，我强压着满肚子火气说："那你说该怎么办？"

刘慎眨眨眼睛，显得十分老练地说："第一，范冲总欺负宋春利，您要是说了范冲，他又得拿宋春利出气。第二，宋春利在班上特"臭"，您要是表扬他，同学们会觉得您偏向小偷。"

"好了，别说了！"我打断了他的话，挥挥手让他走了。

我思忖着刘慎刚才说的话，他说得虽然油滑，但也不是全没道理。我决定暂时把这件事压下去，看看再说。

三

有一天，第一节我没课，刚想坐下来改几本作业，刘慎忽然急火火地跑来说，教室的钥匙找不着了。我急忙跑上楼，看见我们班教室门口挤满了学生，问昨天是谁锁的门，一个小组长说是他锁的，可是根本就没看见钥匙。范冲在一旁喊着："找理查三世，他有万能钥匙！"同学们一下子哄笑起来。

别的班都已安安静静地上课了，只有我这个班乱哄哄的。我顾不上多问，赶忙跑到物理实验室借来钳子和螺丝刀，把门鼻子撬下来。开了门，我才发现门边和门框上已经是千疮百孔。这说明门鼻子不知道像这样被撬过多少次，也不知道安过多少次了。

当我下楼的时候，脑子里突然出现了五个字："岗位责任制"——让每个同学负责一项工作，大家都工作，大家都当干部。

四

第二天，开班会的时候，我当众把一张张写着名字的小纸条贴在每块玻璃的右下角。然后大声宣布：每个同学就负责写着自己名字的那块玻璃。接着又分配了其他工作。最后我把门锁和钥匙拿出来说："这是我们班的锁和钥匙。我要找一个认真负责而又愿意为大家服务的同学来管……"

突然，有人小声说："干吗不让班长管？"

我没有生气，这话似乎有点儿道理。我看见刘慎的头快低到桌沿上了，连忙解释说："我们每个人都是这个班上的主人，不能什么事情都让一两个人去做……现在，我看谁最勇敢！"

可是谁也不勇敢，没有人搭腔，没有人举手。我有些急躁起来。这可叫我怎么下台呀！早知道这样，我是绝不这样干的。

这时，我看见了坐在第一排的宋春利。他一点也不紧张，因为包括我，大家心里都明白，这种事绝不会交给他，也不应该交给他。因为他是"理查三世"呀！

我的目光从他的脸上移开了，又对大家说："谁自告奋勇？"没有人说话。我心中暗暗叫苦，我哪儿还像老师，这不成了吆喝卖西瓜的小贩吗？

这时，我又看见了宋春利。忽然，一个想法在我的脑子里飞快地翻腾了几下。我咳嗽了一声，然后十分庄重地说："我决定让宋春利同学负责我们班上的门锁和钥匙！"

"哟……"同学们不满地叫起来。

"找谁也比找他强啊！"

"我不管！"宋春利站起来满脸通红地说，他几乎要哭出来了。

我真是被逼得山穷水尽了。我下定决心，错，也就错到底。我从讲台上拿起钥匙，走到宋春利的跟前，按住他的肩头说："拿着,老师信任你!"说实在的,当时,连我也不知道怎么说出这句话的。我凭什么信任他呀?说着,我托起他的手,把钥匙放到他的手里,转身走了。

当我在讲台上转过身来的时候,发现他还呆呆地站在那里。

下课了。范冲高喊着:"好喽!我们班贼当家喽!"我狠狠地瞪着他。他却毫不在乎地拎起书包跑了。

我在办公室里刚刚坐下,班长刘慎跑到办公室对我说:"老师,大伙都说,赶明儿上课间操都要背上书包了……怎么能让'三只手'管钥匙呢?"

我没好气地说:"谁是'三只手'?你们两只手的为什么不管?"

刘慎不说话了,可是也不敢走,站在那儿来回摆弄他的书包带儿。

过了一会儿,我的心慢慢平静下来,想起刚才分配工作是有点儿头脑发热,事情没有考虑周全为什么就忙着开班会呢?我对刘慎说:"对有缺点的同学也要帮助,另外,我还交给你一个任务……"

听我说完,刘慎高兴地走了。

五

我的"岗位责任制"实行以来,的确起了不小的作用,那种鸡毛蒜皮的小事少多了。我心里暗自高兴。班主任的工作，我总算多少摸出了点门道。

有一天，我和班干部们在教室里开会。散会的时候，天已经黑了。我看见宋春利一个人站在教室门口，问他："找我有事吗？"

"没事，我等着锁门。"

我心中不由一热，连忙说："我手里也有一把钥匙，忘记告诉你了……肚子饿了吧？"

"没事！"他锁上门，拿起书包默默地走了。望着他的背影，我很感动。自从宋春利管钥匙以来，我没有再听说过什么锁和门的不幸遭遇。他用废铁皮在门边上包上了一层，我都没有顾得上鼓励他……明天我一定要在班上好好表扬他。

第二天上午，刘慎又跑来找我。他告诉了我一个最新情况："老师，这些天'理、查三世'身上总带着一把镊子，外面还有一个小皮套。今天上课的时候，他偷偷拿出来看……会不会是老毛病又犯了？"

"好！继续观察！"我心想，表扬的事儿先放一放，省得让同学们以为我看错了人。

日子一天天地过去了，班上总算平安无事，关于镊子也没再听到什么情况。

这一天早晨，学校通知各班利用体育课的时间做大扫除。我们班刚好是第二节课。

上课之前，范冲忽然跑到办公室来找我。他从来没有显得这样热情、这样诚恳过。

"老师！让我去吧！"

"什么让你去？"我有些莫名其妙。

隔桌的张老师说："每个班选一个同学去人民大会堂参加中外青少年联欢会……这家伙，耳朵还真灵！"

"让我去吧！"范冲嬉皮笑脸地说。

我的心动了一下。这倒是个机会，这次鼓励鼓励他，将来他可能就不会那么阴阳怪气的了。我的心里有了数，嘴上却说："到时候，由大家选，我说了不算！"

"大家选，没问题！"范冲高兴地说。

张老师说："最近，你们班宋春利表现可不错，什么好事可都没轮到过人家！"

范冲不高兴地看了张老师一眼："让大家选呗，选上谁谁去！"

这会儿，我犯起嘀咕来。要说心里话，我挺喜欢宋春利这个孩子。但是，不让他去，他绝不会有什么意见；要说范冲，我一点好印象也没有，他自私、不诚实，什么事情只要不顺着他，一大串怪话马上就会飞出来。这次如果不让他去……他又要求到我的头上。从大局出发，还是让他去，对我开展班上的工作有利……

大扫除开始了。男生和女生分开。女生负责用玻璃片刮去墙上的碎纸，然后再用水把墙冲洗干净。男生负责拔卫生区的野草。

我在女生那边干了一会儿，又来到了男生这边。不看则已，一看我简直气坏了。野草几乎都还没有拔，只有班长刘慎和宋春利蹲在那儿拔，其他的同学都坐在台阶上用石子儿互相扔着玩儿。看见我，大家才慢条斯理地站起来。

这时，范冲不知从哪儿跑回来，看见这种情况，大声喊起来："快干！"说着他还给了一个同学脖子上一巴掌。这事儿也怪了，挨了巴掌的同学居然一点儿也不恼，其他同学也飞快地拔了起来。

还没等到下课，草已经拔完了。范冲看着我得意地笑了笑。我站在那里，不知为什么，心里有点不是滋味。

第三节是物理课，两分钟预备铃刚刚响过，我正要去给别的班上课，迎面碰上了班长刘慎。

"老师！锁开不开了！"

"宋春利呢？"

"他也没办法！"

我拿上钥匙，上了楼，看见同学们都围着锁头七嘴八舌地出主意。我凑到跟前一看，坏啦！钥匙孔里不知道被哪个坏小子给塞上了几根火柴杆儿，外面还不留头儿。唉！当班主任真是费老劲啦！

大家看我来了，纷纷献计献策。这个说用火烧，那个说用硫酸腐蚀……这些办法根本行不通。

宋春利走了过来，看了看，一句话也没说。我连忙问："有什么办法吗？"

他看了看大家，似乎是犹豫了一下。

"快想想办法！"其实我知道现在的办法只有锯锁头了。因为门鼻子已经被宋春利改装了，从外面根本撬不下来。

看着我那焦急的神情，宋春利仿佛是下了极大的决心，从裤子口袋里掏出了一个小皮套，然后从里面取出了一把镊子。这是一把电镀得非常亮的镊子。

有个同学喊起来："镊子！镊子来啦！"宋春利的脸立刻红了。我明白了对方的用意。我不知从哪儿来了一股劲儿，差点儿把那个同学推了个跟头。

宋春利用镊子夹住锁眼中的火柴杆儿，一根根地往外拔，没有想到是那样的顺利。当同学们拥进教室的时候，我激动地拉着他的手说："谢谢你！"

他的脸又红了。

我说："告诉我，你干吗总把镊子带在身上？"

宋春利说："上小学的时候，有一次锁孔里就被塞上了火柴杆儿，我看见一个老师就是用了镊子……"

"你带镊子就是为了干这个？"

"嗯！从您把钥匙交给我的那天起，我就一直带着它……"

六

下午第二节课是自习，我来到教室宣布了选代表去人民大会堂的事。

教室里顿时炸开了锅。范冲最活跃，看见我站到了讲台上，大声维持秩序："别吵了，听老师的！"他这么一喊，教室里果然安静下来。

我说："今天由大家自己选！现在提名。"

教室里安静了，有的同学在窃窃私语，但就是没人举手。过了一会儿，范冲忍不住了，他说："老师，刘慎说他要提名！"

"刘慎，你说吧！"我朝着刘慎点点头。

刘慎有些不情愿地小声说："我提范冲，他劳动挺卖力气的！"

"同意！"几个男生喊起来。

"还有提别人的没有？"我问。

"没有啦！"还是那几个男生在喊。

"我们提郭萍！"几个女同学突然发言了。郭萍是班上的卫生委员，各方面都挺不错的一个女孩子。

刘慎的屁股在椅子上扭来扭去，居然没有人提班长，他不免有些懊丧。

我的眼光落到宋春利的身上。即使选不上，有个人提他也好呀！我又问："还有谁？"没有人再说话了。

"那我们举手表决吧！"我说。

"无记名投票！"女生们喊了起来。

这么点小事也要投票，真是的！可是我看见她们那认真的样子时，还是点点头同意了。

范冲自告奋勇，撕了好几张作业纸，做了"选票"，微笑着送到每个人的手上……

票写好后，由我亲自收上来，刘慎在讲台上宣读，我在黑板上写"正"字。

"宋春利！"刘慎念道。刚一念完，他好像吓了一跳，看了看大家，又看看我。

"快往下念！"班上有人催促着。

"宋春利！"刘慎又念了一张票。我有点奇怪，也凑到他的跟前。果然不错！

教室里的空气变得活跃起来，然而并不乱。许多人都聚精会神地听着刘慎的声音。刘慎的威信从来没有这样高过。

读票的结果，宋春利居然得了三十五票，卫生委员郭萍得了六票，范冲只得了一票。当我宣布结果的时候，同学们热烈地鼓起掌来。

这次我的目光没有落在宋春利的身上，而是飞快地向范冲投去，我怕他会闹起来。不过还好，虽然他没有鼓掌，但也没有说话，只是涨红了脸，呆呆地望着前面的黑板。

一瞬间，我忽然觉得心中某个地方变得明亮起来……

渡 桥

一

清晨，豆绿色的中型丰田旅游车尾随一辆越野吉普驶出了县城，沿着宽阔的河滩一直向西跑去。

因为是河滩，不像城里的路面那样干净，随着风儿的呼唤便扬起一阵阵黄色的尘土。这里的泥土里渗满了汾河的水。汽车的胶皮轱辘从上面碾过，发出好听的"噼噼啪啪"的声音。

初春时节，树木刚刚抽出嫩嫩的芽叶。远远望去，就像缕缕淡绿色的烟雾罩在刚刚苏醒的柳梢上。除此之外，车窗外再没有什么赏心悦目的景象了，只是河面上飘着一层浓浓的雾霭……偶尔使人想到点什么。

旅游车的前半部坐满了人。后半部的座位上堆放着印有"电影制片厂"字样的大大小小的木箱，那里面装的是摄影机、灯光设备以及各种道具和服装。

鲁先平坐在最靠前边的一个座位上。他四十多岁，已经是名副其实的人到中年了。虽说不上什么早生华发，但耳朵前后隔不了几天便会冒出两三根白头发来。

他是电影剧本《芳草》的编剧。这次，他就是随着《芳草》剧组到汾河边上来拍外景的。眼瞧着浸满自己汗水的剧本就要投入拍摄，鲁先平的心情比摄制组的其他同志更多了一分激动。

按照惯例，编剧是不跟摄制组的。可是这次，应导演的要求，希望鲁先平能来"顾问顾问"。鲁先平欣然前往。到汾河边上来就是他首先倡议的。

虽然一天一夜没有睡好觉，他却是一点都不困，思维仍然相当敏捷。许多奇巧的构思、先前早已淡忘的生动的细节纷至沓来……鲁先平点燃了一支香烟，这是他一生中难有的幸福时刻。

"鲁老师，教我写剧本好吗？"扮演芳草姑娘的女演员宋莉莉从后面探过头来。她是一位长得相当秀美的姑娘，虽说只有二十岁，却已经在两部电影里扮演过重要角色。此刻，她刚刚睡醒，用双手向后抄了一下她那黑缎子一样的秀发，又拽了拽鲜红颜色的羽绒衣。

鲁先平笑了笑，没有说话。谁知道这姑娘是诚心诚意，还是随便说说。她要学的东西太多了！想学小提琴，想学国画，想学声乐。当然，这些都没说的。演员嘛，就应该多才多艺，省得拍电影的时候，又要找替身，又要找配音。不过提起写剧本，演员倒不一定非学不可。宋莉莉刚刚初中毕业就被借出去拍电影，学文化知识的机会就少了。当然，拍电影也是一种学习，不过毕竟是两码事。她总喜欢说某某在艺术上造诣很深，可她总把"诣"字念成"指"。鲁先平不好直接纠正她，怕伤了她的自尊心，只是自己有意地往正确里念。可这孩子太不用心，以后照样念错。当然，这是微不足道的小事情，才二十岁，你能要求人家什么呢？不管怎么说，宋莉莉聪明、美丽、爽快，是大家很喜欢的一位小妹妹。

不过，鲁先平却有些担心。他是怕宋莉莉演不好他笔下的芳草姑娘——气质差得太远了。芳草姑娘是一位历尽坎坷，但仍自强不息、百折不挠的农村姑娘。而宋莉莉从小一帆风顺，所有的路口都是绿灯，好像整个世界都在向她微笑。

"鲁老师，您看！"宋莉莉忽然从座位上站起来，把脸贴在玻璃窗上。同车的其他人也都从瞌睡中醒来，一齐向窗外看去。

车停了，雾蒙蒙的河面上，出现了一座木桥。是不是眼花了？鲁先平发现那木桥居然在水上来回晃动，他瞪大眼睛仔细望去，才发现那不是一座普通的木桥。那是用二十几条渡船横在水面上，一个紧挨一个用绳子捆牢，上面再搭许多木板连接成的一座别致然而也是非常简陋的浮桥。随着河水的冲击，雾气中，那土黄色的桥身仿佛正在空中缓缓飘移。拴船的缆绳在水中时起时落，溅起一条条淡淡的水线，发出轻轻的水声。

突然，鲁先平看见眼前的雾气被什么东西悄悄染红了。原来那是浮桥的另一端亮起了一盏红色的灯。那红色的光线仿佛从飘荡的白雾中渗了过来，使雾气变得晶莹透明。就像一面粉红色的纱巾时起时伏。

一种美妙的感觉从鲁先平的胸中涌出。他立刻想到，他的剧本应该在浮桥上加一场戏，他笔下的芳草姑娘应该在雾中的浮桥上，隔着宽阔的河面，深情地望着她的家乡……鲁先平不由得回过头看了一下导演。导演也在望着他，没有说话。他们的目光只是轻轻一碰，鲁先平明白，导演也已经下了决心，要在这里排一场戏。

车子被拦在桥头。一个戴着红袖章的老汉从雾中走过来，朝着汽车在喊什么，弄了半天大家才明白，原来过桥要收钱。这是当地农民办的副业。桥不是公家搭的，而是附近的村子搭的，既便民，又盈利。

这时，几个推着独轮车的农民，每人拿出两角钱交给那老汉。老汉伸出像蒙了一层牛皮纸一样干枯的手颤颤巍巍地把钱接过去，放到一个破旧的小木箱里。

随同摄制组出行的本县文化局局长从吉普车里跳下来，向老汉说了几句，那老汉点点头，谦恭地让到一边。汽车隆隆地发动起来，摇摇晃晃地驶到桥面上。推车的农民都停下来，带着几分敬畏的目光望着汽车。大概是什么大首长坐在里面吧！他们想。只有老汉机械地走在车前头，一边后退一边打着笨拙的手势引导汽车前进。

不知为什么，鲁先平回过头飞快地扫了一下全车人的面孔。他发现几乎每个人的脸上都露出了一种不易觉察的得意表情。鲁先平觉得自己也是这样，但他的这种心情转瞬间消失了。他认为这是一种特权，甚至是一种罪过。他望着老汉那核桃一样的脸，那上下摆动的干枯的手臂，围在腰间的那条破绳子……特殊的待遇，于别人可能要激起一番愤怒，可是放到自己身上就多少有些心安理得，甚至不免得意起来。

汽车谨慎地在桥上行进着，随着桥身左右晃动着。

宋莉莉说："哟！这地方怎么这么坑人呀！过桥还要钱。"

鲁先平忍不住插嘴说："北京存自行车不是还要钱嘛！人家搭起这座桥也不容易呀！"

"哟！老鲁还挺仗义啊……"不知是谁不咸不淡地插了一句。

鲁先平正要搭话，忽然，他的眼前闪过一位年轻姑娘的身影。那是当汽车通过桥的另一端的时候。那姑娘手里擎着一盏红色的标志灯，一块三角头巾在她头上飘舞着。

一瞬间，鲁先平发现好像在哪里见过这姑娘，可一时又想不起来……车子很快地开过去了，鲁先平回过头急切地张望着。可惜，车子开得太快了，后面是雾蒙蒙的一片，只有那红色的灯光依稀可见。

鲁先平的心情忽然变得郁闷起来，连他自己也说不清这是为什么。此时此刻，他又想起了剧本中的芳草姑娘。说得更准确一些，他是想起了芳草姑娘在生活中的原型——那位五年前，他只见过一面的女孩子……对了！他猛然想起来了，那个女孩子和刚才擎着红灯的姑娘长得那么像，会不会就是她呢？

……

二

五年前，鲁先平在电影制片厂文学部当编辑。这个工作他已经整整干了十年了。十年来，他一直负责和业余作者打交道。说得更准确些，他一直在和那些热心的、屡次投稿不中的人周旋。

一天早晨，鲁先平从桌上的信件堆里拿过一封信，撕开读了起来。信中说剧本已经寄来三个月，还没接到回音，鲁先平马上拿过登记册，查了一下。他松了一口气，剧本已经在前天退掉了。

他又撕开第二封信。看着看着，他苦笑地摇摇头，剧本刚刚寄来二十天，就问为什么还不予答复……鲁先平叹了口气，把信夹在登记册里。他觉得有些累，昨天赶着看一个剧本，一直到夜里十二点才睡觉。打开第三封信的时候，他打了个哈欠。

突然，他愣住了，信纸上方的一行大字使他为之一震：

请千万不要回信！！！

鲁先平扶了扶眼镜。这封信真是太出新了。正当别人都要求尽快复信的时候，他居然说不要回信，还"千万"！既然不要回信，寄信来干什么呢？鲁先平认真地逐字逐句地读下去。

编辑叔叔：

您好！

今年二月份，我给您寄去一个电影剧本，写得很不好。我想您一定会笑话我的。但我写的就是我们村里发生的真人真事儿，那里面的姐妹俩就是我和我妹妹。

当时，我没有写我的真名字，我用了一个假名字，您给我回了一封信。可我并不知道这封信的内容。那么，这是怎么一回事呢？

因为我们的老师在学校传达室里看见了这封信。虽然信封上写的不是我的名字，但他猜出了这可能就是我，就把信拿到班上。他说："我们这里出了一桩新闻，我们班上出了一个大作家——二号的王亚平！"说这话的时候，他一直看着我。

编辑叔叔，我们这里能看的电影特别少，只演过《神圣的使命》和《地道战》，最近刚刚演过《少林寺》。

老师多次给我们讲过《神圣的使命》的故事。作家王亚平是我们老师天天念叨的人。

老师还说："有人想当作家，先要掂掂自己的分量！你们知道王亚平的父母是什么人吗？他们都是有名的大作家。你们知道李连杰为什么能拍《少林寺》吗？他的哥哥姐姐都在香港当导演。你们知道电影剧本是怎么写出来的吗？那是作家住在高级招待所里，天天有人送茶送饭……"

我不知道老师干吗生这么大气。编辑叔叔，写电影剧本是不是有内部规定？那天我们老师还把那封信举起来大声说："这个人居然还用了假名字！"

我没敢承认信是我的。老师当着大伙儿把信撕成碎片，我努力忍住才没有哭出来。

编辑叔叔，今天我给您写信，希望您千万不要把我的剧本寄回来。没有用处，你们一定要烧掉，千万不要寄回来。

此致

敬礼！

××省××县堡头完中

初三学生刘素珍

鲁先平看完信，一巴掌重重地拍在桌子上，墨水瓶、茶杯、笔筒都跟着跳起来。他身边的小于抬起头，奇怪地望着他，因为拍桌子不符合鲁先平一贯的性格。

鲁先平把信递给小于。

小于看完信抬起头说："要不，咱们给她寄点钱去……"小于只初中毕业，平时做一些买车票、发电报、联系招待所的杂事儿，但他是个热心的小伙子。

他刚一说完，鲁先平笑了："给钱算怎么回事？"

"不用公家的钱，我自己有！"小于的脸涨得红红的。

"你千万不能那么干！"鲁先平严肃地说。他知道这小伙子有点缺心眼儿，这种事情他说不定真干得出来。

小于愣愣地不说话了。鲁先平自己也没了主意，只好同情地长长叹了口气。

三

汽车离开了河滩，开上了公路，转了几个弯之后钻进了一溜树行子。那是大叶杨树，芽叶刚刚萌发，树梢上还零落地挂着去年的像毛毛虫一样的种子。

路旁渐渐有了房屋，路边行走的人也突然变得多了起来。当汽车停在一座大庙门口的时候，大家才发现这里正逢集市。他们从车上走下来，集市上像吹过了一阵风，顿时变得异常安静，赶集人的目光不约而同地早早等在车门口了。

"外宾！外宾！"

"华侨！一准是来看大庙的！"

鲁先平听见人们在议论。那浓重而柔和的山西乡音不知为什么使他鼻子有些发酸。

绝大多数老乡没有说话，脸上也毫无表情，只是无喜无嗔地用呆滞的目光紧紧地盯住他们。人群的脚步不由自主地向前移动着，渐渐地在车前围了个圆圈。一个耍猴子的艺人只好偃旗息鼓，肩上捎着猴子，手里拎着铜锣远远地向这里张望。

当宋莉莉走下汽车的时候，许多姑娘、媳妇、老婆婆的眼睛忽然放出了光彩，一齐把目光投向宋莉莉。有些女孩子竟然差点儿挤到宋莉莉的身上，好奇而又羞涩地打量着眼前这个仙女般的人儿。

其实，这些晋东南长大的孩子也很秀气，皮肤白皙，眼睛也都是大大的，圆圆的。她们只是眼珠有些发黄，有些呆滞。望着她们，鲁先平不由得又想起了那位写信的小姑娘，她的眼睛也是这样……

四

那一天临近中午时分，办公室里只剩下鲁先平一个人，小于从外面打开水回来，身后跟着一个女孩子。

女孩子个子不高，瘦瘦的，身穿长袖花褂子，脚上一双布鞋，一个绿色的书包被她双手捂在胸前。那一双大大的圆圆的眼睛怯怯地看着鲁先平，那眼珠有些发黄，缺乏神采。

"有什么事，你说吧！这是鲁老师！"小于介绍说。

"有什么事吗？"鲁先平心想，这一定又是个想当演员的女孩子……前些日子，自从银幕上出现了小胖子的形象，就有几位妈妈带着自己像得了肥胖病似的儿子纷纷来到电影厂……打发这种事最麻烦。

女孩子没有说话，只是低着头，不停地摆弄她的花格子头巾。

"小姑娘，找我们有什么事呀？"鲁先平和颜悦色地说。

女孩子还是没有说话。

鲁先平心中不免有些焦躁，可他努力使自己更加和蔼一些："不说话，你来干什么呢？"

"送剧本呗！"女孩子抬起头来，像是鼓起了极大的勇气小声地说。可是她结尾的那个"呗"字却使鲁先平心中有些不快。是跟谁赌气怎么的？谁也没惹你呀。不过，鲁先平还是很和蔼地问："多大年纪啊？"

"十五呗！"

"好！好！小小年纪就能写剧本，长大了一定了不起。"鲁先平点着头说。

女孩子咬着嘴唇，目不转睛地看着鲁先平，她那充满希望的眼神给鲁先平留下很深的印象。

鲁先平说："这样吧，小同学，你把剧本留下来，写好姓名地址，等我们看完了，告诉你意见。"

"我还没有写完！"女孩子喃喃地说。

"没写完？哎，不要急，写完了再送来！"说着，鲁先平从桌上拿起饭碗，准备去吃饭。

"我在火车上本来是可以写完的，可是火车上太乱了，根本写不了。"

"你从哪儿来的？"鲁先平愣了一下，他发现事情不像他想的那么简单。他把饭碗又放到桌上，仔细地打量着女孩子，"你从哪儿来的？"

"山西！"女孩子接着说了一个鲁先平十分陌生的地名。

"你怎么不上学呢？"

"不上了呗！"

"你父母都是干什么的？"

"种地呗！"

鲁先平暗暗佩服小姑娘的勇气。好家伙！十五岁，就敢一个人千里迢迢来到电影厂送剧本，还是个女孩子。自己十五岁的时候，不用说这样做，就是连想也不敢想。

小于在一旁问她的名字。

"刘素珍呗！"小姑娘说。

咦？这名字好熟呀！不过叫什么素珍、淑珍的太多了。忽然，鲁先平想起了前些日子收到的那封信。

"你是不是给我们来过一封信？"

小姑娘点点头。

鲁先平急忙从抽屉里找出那封信，送到小姑娘面前："是这封信吗？"

小姑娘的脸上第一次出现了微笑，她的眼睛变得明亮起来。

鲁先平觉得他与小姑娘在心理上的距离一下子拉近了。他为她倒上一杯水。

"你坐了多长时间火车？"

"一天一夜呗！"她说话总爱在结尾的地方带一个"呗"字。现在鲁先平弄清楚了，这个"呗"字不是什么骄傲情绪的流露，而是女孩子说话的口头语。

"那么……你哪儿有钱买车票呢？"鲁先平试探地问。

"自己攒的呗！"

"回去还有钱吗？"不知为什么，鲁先平又问了这么一句。

小姑娘没有说话。

沉默了一会儿，鲁先平换了个话题："你不是给我们寄过一个剧本吗？"

"那个不要了，我又重新写了一个！"

鲁先平心里暗自笑了，这个小姑娘一定把写剧本当成写学校的作文了，以为个把钟头就可以写一个呢！

"你写的剧本呢？"鲁先平问。

小姑娘从书包里拿出了一个硬纸夹子。

所谓的剧本是用白活页纸写成的，没有题目，也没用钢笔，铅笔写成的字迹倒是工工整整。鲁先平随手翻了一下，大约有三十来页。

"还没有写完……"小姑娘怯怯地看着鲁先平。

"把它写完再寄给我们好不好？"鲁先平和蔼地说。他有些失望，眼前这个剧本虽然暂时还说不出什么意见，但根据他的经验，这个剧本百分之百地不能用。

小姑娘不说话，低着头，鲁先平怀疑她是不是没听懂他的话。

沉默了一会儿，鲁先平用探询的口气说："那……你打算怎么办呢？"

"住在你们这里写剧本！"小姑娘抬起头勇敢地说。

鲁先平几乎是吓了一跳。呀！这小姑娘的口气真不小。他又吃惊又想笑。"住在这里写剧本"，说得多容易呀！那都是剧本有了相当的基础，由电影厂邀请编剧来厂改剧本时才有这样的待遇。这话要是出自一位有名气的作家之口倒是顺理成章的事儿，可小姑娘只是个初中学生……唉！真是初生牛犊不怕虎呀！

鲁先平打量着这位年幼的"巾帼勇士"。她并没有为自己提出这样可笑的、让对方为难的问题而感到不好意思。她瞪着充满希望的大眼睛看着鲁先平，以至于她的三角花格子头巾掉在地上，她都没有去拾。

"你还是回去吧！你爸爸妈妈会多着急呀！"

女孩子摇摇头。

鲁先平对女孩子的好感渐渐消失了。由那封信所激起的同情之心也慢慢消退了。这孩子的勇气固然可贵，她写剧本受到嘲笑也使人同情，可她有点不懂事。她不能体谅别人的困难，有点缺乏自知之明。眼前的女孩子和信中的小姑娘有些不一样。信中的小姑娘通情达理，而眼前的女孩子却有点不通人情。

一直坐在一旁的小于说："先吃饭吧！"

鲁先平抬起手腕一看表，已经是中午一点了。

鲁先平和小于从食堂里给小姑娘买来饭菜。当他们走进屋子的时候，看见小姑娘自己打了一盆水，正在那儿洗脸、梳头。不知为什么，鲁先平忽然想起了自己的女儿——她现在可能已经吃完饭，正在睡午觉呢！

小姑娘正在脸盆里洗她那块巴掌大的小手帕，然后把它晾在脸盆架上。那就是她的毛巾。

鲁先平觉得她挺可怜的，有些后悔自己刚才说的那些话，甚至想把口袋里的五十块钱送给她……

女孩子接过馒头，没有道谢就吃了起来。她好像从小就不知道什么叫客气。她吃了一个馒头就趴在沙发上睡着了，头枕在沙发的扶手上，头巾叠得平平整整地放在身边的书包上。她太疲倦了。

鲁先平和小于悄悄退出来。忽然，屋里传来"嘤嘤"的哭泣声。小于悄悄推开门。小姑娘依旧趴在那儿，身子一动不动。她显得那样瘦小，蜷伏在宽大的沙发上，就像一只可怜的小羊。

"可能是在做梦！"小于轻轻带好门。

鲁先平叹了口气。

"怎么办呢，鲁老师？"小于说。

"等头儿来了再说吧！"

下午，大家陆续来上班了。在另一间屋子里，大家知道了女孩子的事情，然后又接二连三地走到隔壁和小姑娘说上几句上午鲁先平早已问过的话。

才十五岁，又是个姑娘，住下改稿子肯定是件既荒唐又不可能的事情。小姑娘也没有走的意思。当然她也走不了，估计连回去的火车票也买不起。

大家都觉得事情十分棘手。

"这小姑娘胆子可真够大的！"一个人说。

"啧啧，如今的小姑娘真是不得了呀！"另一个人说。

"她为什么跑出来也不清楚呀！说不定是因为包办婚姻呀！"一位大姐说。她是刚才被鲁先平请来和小姑娘谈话的，不过谈了半天仍然没有什么新鲜的东西。小姑娘仍然没有表示她要走。

最后，一个人说："请示领导吧。"

"对！"其他的人一致响应。

领导们正在开会。鲁先平硬着头皮闯进去说了这件自以为十分重大的事。

"你们自己处理吧！"

"我们也不知道怎么办。"鲁先平十分为难地说。

"唉！净闹这些事儿！"屋子里的人普遍叹了一口气。作者们也是，如果都从外地到电影厂来，那正常的秩序不就乱了吗？

当鲁先平回到编辑部的时候，他觉得应该照领导说的办，最好把女孩子交给派出所，这样是对她负责，起码可以保证她的人身安全。

鲁先平把这层意思对大家说了。大家先是一愣，可是翻来覆去一想，也只有这一个办法。

"谁去送呀？"

"让小于去！"厂里这种事儿都是小于去办。

小于说："要不，我送她回老家，我有钱买车票。"

大家一齐看着他，既没有人表示强烈的反对，也没有人表示热情的支持。

当时，鲁先平想说："要不，咱们每个人凑几块钱……"可是话到了嘴边，又咽了回去。第一，他觉得他不如人家小于来得爽快。第二，万一有人不愿意，这不等于强加于人嘛！

鲁先平又来到隔壁，女孩子仍然在那里呆呆地坐着。鲁先平慢慢地试探性地说："快下班了，你说怎么办呢？"

女孩子没说话，也不知道她在想什么。

"要不，送你上派出所吧！"鲁先平低着头小声地说。

"上派出所？"小姑娘睁大眼睛问了一句，也没有看出她有什么强烈的不满，只是再也没有话了。她默默地把那个夹着剧本的纸夹子收到书包里去。鲁先平心里有些不好受，他急忙说："不要害怕，这是对你的安全负责，现在坏人很多……你的剧本写好了，再寄来……"

鲁先平不敢再看小姑娘的眼睛，尽管那眼睛有些发黄，又没有神采。

第二天早晨，当鲁先平遇到小于的时候，故意显得不在意地问："送去啦？"

小于略微点一下头。

"没出什么事儿吧？"

"没有！"不知是神经过敏，还是真事儿，鲁先平觉得小于的眼睛里有一种不敬的、揶揄的目光。这对于小于平时称呼"老师"的人们，起码对于鲁先平，还是头一次。

当大家泡好茶，又开始一天工作的时候，不知不觉地又开始议论起这件事。

一个人说："送到派出所实在有点那个。其实，我们每个人凑点钱送她回去也未尝不可。"

"这种事儿也不是天天发生，厂里应该出些钱……一个小姑娘嘛！"另一个人说。

"万一，她想不开出了什么事儿……"还有人这样说。

只有鲁先平没有说话。他看了一眼小于，夜大今晚怕是又要考试了，小于正在那里专心致志地背外语，对他们的谈话像是根本听不见。一种茫然的惆怅情绪涌上了鲁先平的心头。他发现自己做错了一件事……可是晚了，小姑娘已经走了。

五

摄影机架在离小镇两里路远的河滩上。春天，尽管河里的水不多，但河面却相当宽阔。向河对面看去，那笔直的山梁黄澄澄的一片。鲁先平知道，那不是山，那说不定是几百年前河水的故道。那山梁就是河水日夜不停拍击的堤岸。山梁的脚下有一个个巨大的洞穴，听老乡讲，那是农民取土烧窑时留下的。

河滩上没有一棵树，也没有一棵庄稼。夕阳照射下，眼前是一片微微有些泛红的金黄色。河的这岸，离摄影机不远的地方，一个老汉和一群羊停在山坡上。

一柄巨大的遮阳伞罩在摄影机的上面，它的周围站满了大人和孩子。摄制组的工作人员都戴着蓝色帽檐的圆顶遮阳帽。有的拿着秒表，有的举着白色的反光板。在老乡们的眼里，他们无疑是天兵天将一样的人物。

宋莉莉化了装，她的披肩发变成了两条长长的大辫子，头上戴着三角花格头巾，红色的羽绒衣换成了小碎花的大襟棉袄。按照剧本的要求，她要和她的爷爷——一个放羊的老汉告别。导演现在已是放羊老汉的打扮。本来他头上要系一条羊肚子手巾，现在改了主意，戴上假头套，头上再戴一顶破军帽。这是他受了真正放羊老汉的启发。再过一会儿，他就要赶着羊群从山坡上走下来深情地喊着芳草姑娘的名字。芳草姑娘飞跑着迎上去，眼泪从眼眶里流下来。爷爷拉着孙女的手，不住地颤抖着，老泪纵横。

"预备……开始！"

芳草姑娘的爷爷是鲁先平虚构的。可现在他看见导演的表演，眼睛里也不免潮乎乎的，真有点弄假成真的感觉。可是"芳草姑娘"却总入不了戏。她也流了泪，跑动的时候还别出心裁地摔了个跟头。休息的时候，导演一个劲儿地夸她。

鲁先平心里明白，宋莉莉演得不错。只是她演的不是鲁先平心中的芳草姑娘。不过，芳草姑娘应该是什么样的，鲁先平自己也不知道。

自从那个送稿子的小姑娘走了以后，鲁先平想了许多许多。最开始他觉得自己做得不妥，甚至觉得自己有点虚伪——本来以为是天天在为别人着想，可是一旦当一个弱小的姑娘千里迢迢地来到这里，想求得安慰、求得同情，求得帮助的时候……却要把她送到派出所。过后再一想，又觉得这种事无可非议。小姑娘无非是受了点挫折，其实连挫折也说不上，只不过受了点委屈。如果事事都表示出过分的同情，岂不是有点那种救世主、包打天下英雄好汉的味道了吗？不把她送到派出所又怎么办呢？这样一想，他又觉得有些坦然起来。可是，不知为什么，每当他看到小于的时候，不禁又想到他那侠义的话语。小于难道不比自己热心肠吗？难道只是因为他年轻，因为他容易冲动吗？人难道不应该这样相互体贴，不应该向别人伸出温暖的手吗？想到这里，鲁先平又陷入了深深的自责。

人们常说，时间是医治心灵创伤的最好的医生，何况这又算是什么创伤呢？不过是阳光灿烂的大地上的一点阴影……然而，这件事却像埋在土里的一坛酒，时间愈长，它的味道反而愈加浓烈。每当鲁先平闲下来的时候，那个女孩子的样子就在脑海中浮出来，不但没有随着时间的流逝而消退，反而更加鲜明起来。

有一天，鲁先平突然觉得这件事里似乎包含着什么剧本创作的契机。他把这个想法和导演谈了，导演凝神想了一会儿，突然兴奋地抓住鲁先平的手说："很有味道，可以搞成一个不错的本子！"

鲁先平受到鼓舞，开始构思故事。他给女孩子另起了名字，虚构了女孩子的家庭，剧本的前半部分基本按实际发生的那样……可是后来，后来芳草姑娘怎么样了呢？经过冥思苦想之后，鲁先平设计了两个结尾。

芳草姑娘被送回了老家，稚嫩的心灵从此蒙上了一层阴影。她放弃了写剧本的念头，听从父亲的命令，早早退了学，嫁给了本村一个能赚钱的中年农民，从此养儿育女，操持家务。十年以后，电影厂的编辑到她家乡拍电影的时候又遇到了她。岁月的风霜已经使她秀美的额头上添了浅浅的皱纹。她正在喂猪，她的第二个女娃正在床上嗷嗷待哺。当编辑问到她现在是否还写东西时，她的脸因为羞愧而红了起来。她说："当初俺真是太幼稚了，不知天高地厚，给你们添了麻烦……"

鲁先平觉得这个结尾主题深刻，但芳草姑娘的性格没有表达出来，而且剧本的基调也显得低沉了一些。

芳草姑娘回到家里，受到村里人的嘲笑。但她毫不气馁，毅然退了学和同村的男青年一起上山去拉石头。在那崎岖的山道上，她拉着那长长的、后面捆着汽车外胎的板车，一步一个脚印，一步一滴汗水地攀登着、拼搏着。她在油灯下继续写作。最后她的小说《山路》在全国获了奖。她拒绝了一个各方面条件都很好，只是缺乏进取精神的男青年的追求，继续顽强刻苦地学习、写作。最后，她成为全省最年轻的县文化馆馆长。

鲁先平把这两个结尾都和导演谈了。两个人颠来倒去，折腾了几宿没睡好觉，最后决定采用第二个结尾。当鲁先平把写好的剧本初稿拿出来广泛地征求意见时，它受到了普遍的称赞。

领导让另一位年轻的编辑承担起他的工作，鲁先平受到极大的鼓舞。那时候，他胸有成竹，全力以赴修改剧本，摄制组也已经开始筹建。以至于有一天当那位年轻的编辑告诉他，那个女孩子又把剧本写好寄来了，问他看不看时，他只是说："你先看看，如果有基础再说。"过了一个月，那位编辑没再提起，鲁先平也不再去问，因为剧本修改稿已经在厂艺委会通过了。鲁先平决定等他闲下来再去看那个女孩子寄来的剧本，可是，他始终就没有闲下来。

不过，当制片主任和导演要去选外景地的时候，鲁先平却动了这样一个念头。剧本的原型既然是那个小姑娘，那么她的家乡说不定是个比较理想的地方。他也很想到小姑娘的家乡去看看，甚至想见到她本人去安慰安慰她。这无疑对她是个巨大的鼓励。五年了，她现在也不知怎么样了。当然，她八成是当不上文化馆馆长的。但结了婚，有了孩子倒也说不定。这微妙的心理使鲁先平抄下了那个女孩子的地址递给了制片主任。

制片主任和导演回来了，他们选中的是毗邻的另一个乡，那地方由大庙改成的学校很有特色。而且汾河河滩的画面拍起来相当美。

演员已经在卸妆了。

鲁先平坐在一块石头上，望着那长长的流水，他发现水是那样的长，而在他的视野之内，居然没有一座桥……蓦地，他又想起了那座桥，那座用渡船连接起来的浮桥。那姑娘好眼熟啊！会不会就是送剧本的那个女孩子？不会的，桥上的女孩子比送剧本的女孩子更漂亮，眼睛也更有神采些。不过也说不定，女大十八变，谁知道那姑娘出落成什么样子？可是她怎么会在桥上呢？

此刻，鲁先平恨不得马上就去问一问，打听一下那个女孩子现在的情况。不过不用急，导演已经决定了，后天就去那座渡桥。鲁先平也已经设计好了渡桥的那场戏。

六

春光融融，河上的雾霭全都散了。阳光下的渡桥不像清晨雾中的渡桥那样美，那样给人以极深的意境；阳光下的一切都暴露无遗，不再留给人想象的余地；阳光下的一切都清清楚楚，不再给人以神秘莫测之感。阳光下的渡桥使人感到温暖，感到亲切。

过桥的人很多，推车的、挑担的、邻里结伴的、隔河相逢的，谈笑着，招呼着。偶尔过来一辆汽车，人们便不得不停在桥头歇息，抽支烟，闲聊一会儿。

那天站在桥头收钱的老汉今天坐在一个板凳上，前边是一只破旧方桌摆成的茶摊，上面放着十几个白底蓝边的粗瓷饭碗和一只铝壶。老汉的身边有一个泥土砌成的炉灶，上面刷着白灰，很像大城市卖烤白薯用的那种炉子，只不过低一些而已。许多人围在周围，一边喝水一边吃着干粮，加之几个卖各色杂货的小贩，想不到这小小的渡桥居然热闹得像一个微型的集市。

上次站在桥头拿红灯的姑娘不见了，桥头有另一个小伙子在收钱。

摄影机架在了桥头离茶摊不远的地方，这无疑给渡桥平添了一番热闹。几乎每个过桥的人都要在摄影机前待上一袋烟的工夫，以便回到家里向别人讲述这一天最精彩的节目。

导演决定今天先给渡桥来一个中景，让芳草姑娘从熙攘的人群中走过，然后再到旁边的小山坡给渡桥来个全景。等到明天早上有雾的时候再拍重场戏。现在全用自然光，许多人闲下来没事儿。

当然，鲁先平的任务早已完成。他走到老汉的身边微笑地递上一支烟，又把手中的烟散给周围的农民一些。有人恭敬地给他让了个"座位"。

老汉看来很少抽纸烟，他拿烟的姿势很别扭，拿烟的手总是神经质地哆嗦，胳膊肘也总是抬得与肩一样平。

"您老多大岁数啦？"

"七十。"

"您可不像啊！"

鲁先平说着客套话，其实老汉怎么看也过了七十。

老汉没有说话，只是不置可否地点点头。

老汉从铝壶里给鲁先平倒了一碗水："喝斧。"老汉把"水"字念成"斧"。

"谢谢！您家里还有什么人啊？"鲁先平问。

"嗯，嗯。"老汉点头答应着。

"您家里还有好多人哪？"鲁先平大声地说，他忘了这是四川人的语法还是山西人的语法。

"嗯，嗯。"老汉又点点头。

一个农民笑了起来，大声地向老汉喊了几句，老汉才明白鲁先平的意思。他的家里还有儿子、儿媳、孙女。

鲁先平发现谈话相当费劲，也便兴趣索然了。

老汉的孙女回来了，挑着两桶水。鲁先平这才明白，大家喝的不是河里的水，而是泉水。

"挑水远吗？"鲁先平仔细打量着她，发现她就是那天站在桥头拿着标志灯的姑娘。

"不远！"姑娘说着带点乡音的普通话，低着头把水小心地倒进了一个大铁壶里，然后摘下头巾掸了掸身上的尘土。鲁先平看得出来，姑娘似乎不认识他。

"这里是堡头村吗？"

"您问大堡头还是小堡头？"姑娘抬起头。

"哟！我也说不清，只知道是堡头完中！"鲁先平说。

姑娘甜甜地笑了："堡头完中在小堡头村，就是我们这里。"

"你认识有个叫刘素珍的姑娘吗？"鲁先平紧紧盯着姑娘的眼睛。他想，如果她就是五年前的刘素珍，她一定会恍然大悟，然后惊奇地说："原来是您呀……"当然，也可能她会非常冷淡地走开。

鲁先平心里十分复杂，他预计那个尴尬或者愉快的时刻就要到来。

那姑娘却瞪大眼睛问："您怎么认识她？"

鲁先平点点头："五年前，在电影制片厂……"

姑娘的目光黯淡下来，眼里似乎闪着泪花。

　　鲁先平把眼睛转向别处，他后悔不该引起了姑娘那段痛苦的回忆，他后悔与姑娘见面。

　　"她是我姐姐……"姑娘喃喃地说。

　　鲁先平发现事情居然来了个一百八十度的大转弯，他急切地问："她在哪儿？"

　　"死了，去年夏天……"

　　原来，这座桥已经搭起来六七年了。那是爷爷，也就是那个老汉，亲手搭起来的。岁数大了，村里就派他守着这座桥。从桥搭起来以后，姐妹俩就帮助爷爷看桥、修桥，有时也做点小活计。

　　姑娘死得很平常。那天晚上，一辆汽车过桥，她倒退着引路，到了桥头，她闪在一旁给汽车让路，一脚踏在岸边的一片松土上。那时正涨水，姑娘跟着土一起滑了下去……当司机发现去喊人的时候，已经晚了。

　　鲁先平的心仿佛被什么东西重重地敲了一下，他低下头，久久没有说话。他的眼前出现了雾霭中的渡桥，那一条条渡船在乳白色的雾气中缓缓移动。而桥的另一端，一片红色的灯光突然把周围的雾气染得通红通红。那湿漉漉的缆绳一次又一次地从水中弹起又落下，发出"噼噼啪啪"的声响……

　　"她喜欢文学是吧？"鲁先平小声地问。

　　姑娘点点头："我们都劝她不要写，她也不听。"

　　"她去过电影制片厂，你知道吗？"

"知道！"

"哪儿来的路费呢？"

"是爷爷摆茶摊攒的钱，原来我们都不知道，是爷爷偷偷给她的。"姑娘说着说着哭了起来。

老汉木然地坐在一旁，好像没有听懂孙女和鲁先平的谈话，只是眼角那纵横交错的皱纹里渗出了两滴浑浊的泪珠。

"她怎么回来的？"鲁先平小心翼翼地问。

"她自己回来的，她说一位大哥给她买的车票，还给了她四十元钱。"

老汉手里的香烟早已燃尽了，没有烟蒂。微风吹过，一缕烟灰从他那干树枝一样的手里飘落下来，他却全然不知。

一个月以后，片子拍完了，鲁先平回到电影厂。上班的第一个早晨，他就从那位年轻编辑的手里要来了小姑娘的剧本。他心情沉重地把剧本从牛皮纸信封里抽出来，他愣住了，剧本的封面清清楚楚地写着"渡桥"两个大字。

课本里的作家

序号	作　家	作　品	年　级
1	金　波	金波经典美文：第一辑 树与喜鹊	
2	金　波	金波经典美文：第二辑 阳光	
3	金　波	金波经典美文：第三辑 雨点儿	
4	夏辇生	雷宝宝敲天鼓	
5	夏辇生	妈妈，我爱您	
6	叶圣陶	小小的船	
7	张秋生	来自大自然的歌	
8	薛卫民	有鸟窝的树	
9	樊发稼	说话	一年级
10	圣　野	太阳公公，你早！	
11	程宏明	比尾巴	
12	柯　岩	春天的消息	
13	窦　植	香水姑娘	
14	胡木仁	会走的鸟窝	
15	胡木仁	小鸟的家	
16	胡木仁	绿色娃娃	
17	金　波	金波经典童话：沙滩上的童话	
18	金　波	金波经典美文：一起长大的玩具	
19	高洪波	高洪波诗歌：彩色的梦	
20	冰　波	孤独的小螃蟹	二年级
21	冰　波	企鹅寄冰·大象的耳朵	
22	张秋生	妈妈睡了·称赞	
23	孙幼军	小柳树和小枣树	
24	吴　然	吴然精选集：五彩路	
25	叶圣陶	荷花·爬山虎的脚	
26	张秋生	铺满金色巴掌的水泥道	三年级
27	王一梅	书本里的蚂蚁	
28	张继楼	童年七彩水墨画	

序　号	作　家	作　品	年　级
29	张之路	影子	三年级
30	曹文轩	曹文轩经典小说：芦花鞋	四年级
31	高洪波	高洪波精选集：陀螺	
32	吴　然	吴然精选集：珍珠雨	
33	叶君健	海的女儿	
34	茅　盾	天窗	五年级
35	梁晓声	慈母情深	
36	陈慧瑛	美丽的足迹	
37	丰子恺	沙坪小屋的鹅	
38	郭沫若	向着乐园前进	
39	叶文玲	我的"长生果"	
40	金　波	金波诗歌：我们去看海	六年级
41	肖复兴	肖复兴精选集：阳光的两种用法	
42	臧克家	有的人——臧克家诗歌精粹	
43	梁　衡	遥远的美丽	
44	臧克家	说和做——臧克家散文精粹	七年级
45	郭沫若	煤中炉·太阳礼赞	
46	贺敬之	回延安	八年级
47	刘成章	刘成章散文集：安塞腰鼓	
48	叶圣陶	苏州园林	
49	茅　盾	白杨礼赞	
50	严文井	永久的生命	
51	吴伯箫	吴伯箫散文选：记一辆纺车	
52	梁　衡	母亲石	
53	汪曾祺	昆明的雨	
54	曹文轩	曹文轩经典小说：孤独之旅	九年级
55	艾　青	我爱这土地	
56	卞之琳	断章	
57	梁实秋	记梁任公先生的一次演讲	高中
58	艾　青	大堰河——我的保姆	
59	郭沫若	立在地球边上放号	